뉴노멀생사학교육총서

7

서사에서 캐내는 삶의 비밀

김혜미 · 생사학과문학치료연구팀 지음

박문사

뉴노멀생사학교육총서 7

서사에서 캐내는 삶의 비밀

초판인쇄   2026년 01월 20일
초판발행   2026년 01월 31일

지 은 이   김혜미 · 생사학과문학치료연구팀
발 행 인   윤석현
책임편집   김민경
발 행 처   도서출판 박문사
등록번호   제2009-11호
우편주소   서울시 도봉구 우이천로 353
대표전화   (02) 992-3253
전   송   (02) 991-1285
전자우편   bakmunsa@daum.net

ⓒ 김혜미 · 생사학과문학치료연구팀, 2026.

ISBN 979-11-7390-032-7 (93200)   정가 14,000원

서사에서 캐내는 삶의 비밀

『서사에서 캐내는 삶의 비밀』은 이야기가 주는 시뮬레이션이 더욱 적극적으로 이루어질 수 있도록 작품에 대하여 재미있게 해석한 내용을 담은 책이다. 옛이야기, 그림책, 소설 등을 통해 발견할 수 있는 우리 삶의 곡진한 이야기와 그 이야기 속 문제의 해결 방안을 적극적으로 탐색하는 것을 목적으로 하였다.

머리말

우리의 옛이야기 〈콩쥐와 팥쥐〉에 대해 강의한 일이 있다. 강의를 끝내고 정리하고 있는데, 한 학생이 다가와 말했다.

"콩쥐의 엄마는 참 우리 엄마 같네요."

자신의 어머니가 계모라는 뜻일까? 그렇지 않다. 계모는 하나의 상징일 뿐이다. 자녀를 돌봐주어야 하는 위치에 있지만, 폭력과 방임을 일삼는 부모의 모습이다. 학생은 자신의 현재 모습을 콩쥐에 대입하여, 자기의 문제 상황을 이해해 본 것이다.

문학치료학의 서사이론을 구상한 '정운채(1955~2013)'는 이야기에 '시뮬레이션 기능'이 있다고 언급한다. 시뮬레이션이란 현실의 상황을 가상으로 모의 재현하는 기능을 말한다. 예를 들어 우리가 학교폭력의 문제 상황을 직접 해결하지 못했더라도, 관련 이야기를 감상하고 공유함으로써 그 문제 상황의 해결 방안을 시뮬레이션할 수 있다는 말이다.

『서사에서 캐내는 삶의 비밀』은 이야기가 주는 시뮬레이션이 더욱 적극적으로 이루어질 수 있도록 작품에 대하여 재미있게 해석한 내용을 담은 책이다. 옛이야기, 그림책, 소설 등을 통해 발견할 수 있는 우리 삶의 곡진한 이야기와 그 이야기 속 문제의 해결 방안을 적극적으로 탐색하는 것을 목적으로 하였다.

 이 책에는 인간답게 사는 것이 무엇인지, 자신을 어떻게 이해할 수 있는지, 타인과의 관계에서 공감은 어떻게 이루어질 것인지, 부모-자식 간의 관계에서 고심해야 할 지점은 무엇인지, 노년의 일상은 어떻게 의미화될 수 있는지, 인생에서 죽음과 자살을 어떻게 받아들여야 하는지 등에 대한 화두를 담고 있다. 이 책을 통해 우리 삶에서 나타날 수 있는 다양한 문제 상황을 함께 들여다보고 이를 자신의 삶에 적용할 수 있는 방법을 함께 탐색할 수 있는 기반이 되기 바란다.

차례

제 1 장_09

인간도, 곰이 된다 : 옛이야기 〈곰나루전설〉 / **김혜미**

제 2 장_31

흐림과 있는 그대로 사이 : 그림책 『마음 안경점』 / **박미옥**

제 3 장_49

공감, 인간다움을 향한 다정한 깨달음 : 소설 『아몬드』 / **이미영**

제 4 장_71

베짜는 손, 삶을 창조하다 : 옛이야기 〈손 없는 색시〉 / **정영미**

제 5 장_93

황금빛 모성과 무지개 아이 : 그림책 『메두사 엄마』 / **유현수**

제 6 장_119

노년, 행운을 알아채는 시간 : 그림책 『이름짓기 좋아하는 할머니』 / **김미순**

제 7 장_141

상실의 '흰'에서 치유의 '흰'으로 : 그림책 『망가진 정원』 / **안미숙**

제 8 장_163

자살생존자, 7년의 질문 "왜 당신은?" : 소설 『상실의 빛』 / **김경희**

일러두기

1. 이 책은 오랜 기간 함께해 온 생사학과 문학치료 세미나에서의 탐구와 나눔을 토대로, 그 축적된 내용을 정리하고 확장하여 기획·출판하게 되었다.

2. 이 책에 사용된 예문의 표기, 인명, 지명, 띄어쓰기 등은 신문, 잡지, 인터넷기사 등 원자료의 그것을 그대로 따랐다. 도서의 인용문은 페이지를 표기하되, 그림책은 페이지 표기가 없음으로 표기하지 않았다.

3. 각주는 달지 않았으며 각 장의 이론적 근거는 각 장마다 제시한 참고문헌을 확인하기 바란다.

4. 이 저서는 2022년 대한민국 교육부와 한국연구재단의 지원을 받아 수행된 연구(NRF-2022S1A6A3A01094924)이다.

제1장
인간도, 곰이 된다
옛이야기 〈곰나루 전설〉

김혜미

뛰어가더니 또 새끼를 안구 와서 새끼를 이륵해 뵈만서 또 일어나서거든. 이게 새끼를 둬 두고 가느냐 하는 소리지, 사람으로 말하믄. 그래두 안오니까니 이눔이 화가 나니까니 새끼 다 잡아 둘러메 쥑이구 저두 거게서 바위를 딜여 받구서 죽었다거든, 그륵히 해서 그 댐이부턴 그게 웅진 나루라구 이름을 지었다구. 그런 예기- 전설이 있어.

　　　　　　-『한국구비문학대계』1-4, 〈곰나루〉 중에서

우리는 사람으로 태어나서 사람답게 살기를 희망한다. 아니, 희망하는 것처럼 보인다. 하지만 사람이 정말 사람답게 살고 있는지, 동물과 다른 점이 있기는 한 건지. 필자는 동물애호가를 표방하고는 있는 사람으로서, 정말 사람이 동물보다 더 고등한 존재인지, 사람이 동물보다 사람답게 살고 있는 것이 맞는지 고민되는 순간들이 종종 있다. 우리는 동물보다 못한 행동을 하는 사람을 만났을 때 종종 '개 같은 X'이라는 표현을 쓴다. 동물의 속성에 인간을 비견하여 표현하고 있는 것이다. 이러한 관용구는 인간이 동물화되는 순간이 있다는 것을 의미한다. 아니, 동물보다 못한 순간들이 우리들에게 존재할 수 있게 된다는 것을 실생활에서 이야기하고 있다. 우리는 언제 동물처럼 되는 걸까. 사람이 동물화되는 순간들을 이해하는 것은 그와는 반대로 사람이 사람답게 살 수 있는 방법을 고민할 수 있게 하는 방법인지도 모른다.

민담 〈곰나루 전설〉에서는 곰으로 나타나는 여인이 있다. 인간인 남자와 결혼하였지만, 곰으로 그려지고 있는 이 여인은 남편이 떠나자 자신의 아이도 죽이고 자기도 죽는다. 곰이 인간과 결혼한다는 것은 있을 수 없는 일이라고 하겠지만, 이는 하나의 상징이다. 그렇다면 이런 곰으로 표상되고 있는 여인은 왜 사람이 되지 못하고, 곰으로 살다가 자신을 죽이게 되는 걸까? 어떻게 해야 동물 같지 않고 '사람답게' 살 수 있는지, 함께 이야기를 통해 확인해 보자.

옛이야기 〈곰나루 전설〉 줄거리

이여송의 아버지는 체 장사를 하러 다녔다. 그는 산 속에서 곰을 만나 곰에게 꼼짝 없이 갇히게 되었다. 그 곰이 암곰이었는데, 양기가 통하여 이여송의 아버지는 암곰과 동침을 하게 되었다. 암곰이 이여송의 아버지와의 사이에서 아들 둘과 딸아이 하나를 낳았는데, 제일 큰아들이 바로 이여송이었다.

하루는 이여송이 자기 아버지에게 계속 여기 남아 있다가는 자기들 어머니인 곰이 자식들을 다 죽여 버릴 것이라며 중국으로 건너가야 살 수 있다고 했다. 이여송은 자기가 아직 팔이 짧아서 아버지와 둘째 남동생만 업고 가고, 여동생은 두고 가야한다고 했다. 그러면서 압록강을 건널 때 암곰이 아무리 난리를 쳐도 절대 돌아보지 말라고 했다.

이여송이 아버지와 남동생을 업고 압록강을 건너는데, 암곰이 막내 여동생을 들고 쫓아와 난리를 쳤다. 그때 이여송의 아버지가 뒤를 돌아보았다. 암곰은 막내 여동생의 다리를 잘라 던져 죽게 되었고, 자신도 물에 빠져 죽었다. 이여송은 아버지에게 만약 아버지가 뒤를 돌아보지 않았으면 여동생은 왕비가 될 상이었는데, 아버지가 돌아봐서 그렇게 되지 못하였다고 했다.

이여송 탄생담, 그 황당무계한 이야기

〈곰나루 전설〉은 우리나라에 민담으로 전해져 오는 이야기면서, 동아시아에 퍼져 있는 광포설화이기도 하다. 해당 민담은 한 남자가 산에 들어 갔다가 우연히 곰을 만나 함께 살며 아이를 낳는다는 기본적인 이야기로 구성되어 있다. 그리고 우리나라에서는 그 곰의 자녀 중 하나가 '이여송'이라고 전해져 내려온다.

이여송의 탄생담인 이 민담은, 그가 곰의 자식이었다는 황당무계한 소재가 들어가 있다. 실존하는 인물이었던 이여송(1549~1598)은 중국명나라 말기의 장군으로, 임진왜란 때 명나라 군사를 이끌고 조선을 돕기 위해 파병을 온 역사적 인물이다. 그가 곰의 자식이라는 점은 그가 출중한 능력을 타고 태어났다는 점을 극적으로 보여주는 소재라고 할 수 있다. 그가 조선인으로 태어났지만 대국의 장군이 될 수 있었던 것은 그가 특별한 인물의 자녀이기 때문이라고 생각한 것이다. 역사적 인물의 신이한 탄생은 동명왕처럼 알에서 태어났든 이여송처럼 곰의 자녀로 태어났든 상관없다. 이야기에서 남들과 다르게 특별하게 태어났다는 점을 강조하기 위한 하나의 방편인 것이다.

그렇다면 왜 곰을 통해 신성성을 강조하고자 했는가? 나카자와 신이치는 『곰에서 왕으로』에서 큰곰은 반은 인간이라는 신화 내용을 통해 곰과 인간이 동일시되고 있기도 하고, 태초의 신은 곰의 형태를 띄고 있다고도 언급한다. 또한 우리나라는 곰을 신성시하는 토템(totem)을 가지고 있는데, 대표적으로 단군신화를 보면 확인할 수 있다. 〈단군신화〉의 '웅녀(熊女)'는 곰이 인간으로 변한 여성으로, 단군을 낳았다. 민속학에서 이는 곰을 신성시하는 부족과 하늘을 신성시하는 부족이 만나 새로운 부족을 탄생시켰다는 해석으로 설명한다. 곰인 웅녀는 동물로 등장하여 동물의 신, 즉 자연신이면서 인간 여성으로 화(化)한 존재이다. 그렇게 신성시된 웅녀의 자녀로 태어난 단군은 당연히 특별한 인물이 되어 나라를 다스릴 수 있는 것이다.

이여송도 특별한 인물이라는 점을 강조하기 위해서 이여송의 어머니인 곰 또한 〈단군신화〉의 웅녀처럼 신성시된 모습으로 묘사되어도 될 것인데, 〈곰나루 전설〉에서의 곰은 포악하고 무서운 인물로 나타나고 있다. 왜 〈곰나루 전설〉에서의 곰은 자녀를 찢어 죽이는 모습으로까지 나타나고 있을까?

사람이 되지 않는 곰, 사람이 되고 싶은 곰

이여송의 아버지는 체 장사를 하러 다니다가 산 속에서 곰을 만난다. 민담에서는 전승되는 지역에 따라 각편이라는 것이 발생하는데, 또 다른 각편에서 보면 그의 아버지는 사냥꾼으로도 등장한다. 사냥꾼으로 등장하는 각편이 사실은 산을 돌아다닌다는 설정에는 더 부합하는 것으로 보인다. 어떤 직종이든 아버지는 산에 갔다가 곰을 만나는데, 이때 곰은 남자를 돌봐준다. 돌봄으로 가장 자주 나오는 장면 중 하나는 곰이 남자에게 음식을 제공하는 모습이다. 곰은 생사에 기로에 놓인 남자의 결핍을 채워주며, 자연의 생명력과 풍성함을 인간에게 제공하는 것이다. 이는 곰이 자연계의 신성함을 유지하면서 인간계의 결핍을 채워주는 것으로 해석한다.

그런데 〈곰나루 전설〉에서 곰이 인간과 결혼을 하고 함께 살며, 아이를 낳는다고 해도 곰은 사람이 되지 않는다. 인간성을 갖지 않은 채, 동물의 속성을 그대로 가지고 살아가고 있다는 것을 의미한다. 이것이 〈단군신화〉의 웅녀와 가장 다른 지점이라고 할 수 있다. 웅녀는 위대한 인물을 낳기 전에 '사람'이 된다. 곰은 마늘과 쑥을 먹으며 동굴에서 100일동안 나오지 않는다. 이는 자신의 원래 속성인 동물성을 버리는 행위다. 곰은 육식동물이기에, 마늘과 쑥만 먹으며 살 수 없다. 하

14

지만 이런 고통을 감내하며, 곰은 동굴로 들어가는 것이다. 동굴로 들어가는 행위는 내면의 자신과 만나는 행위와 연결된다. 우리는 흔히 자신에 대해 깊이 있게 사유할 때, '동굴로 들어간다'고 표현한다. 그 누구도 만나지 않고 자신과 만나며, 내가 누구로 어떻게 살 것인지 생각하는 장소인 것이다. 웅녀는 그렇게 스스로와 처절하게 만나며 인간성을 획득한다.

그와 반대로 〈곰나루 전설〉에서의 곰은 자신이 곰인 것을 끝까지 변화시키지 않는다. 그는 자신의 특징을 그대로 밀고 나가며 관계를 맺고자 하는 열의라고 할 수도 있겠다. 반드시 자기 모습을 바꿔가며 관계를 맺어야 하는 것은 아니니까. 하지만 그것이 파탄을 불러오기도 한다. 자신과 자신의 자녀를 죽이는 끔찍한 일로.

곰이 되는 이유

이야기에 사람이 된 곰도 있지만, 호랑이가 된 사람도 있다. 곰에 대해 이야기하다가 호랑이를 이야기하는 것이 갑작스러울 수 있겠다. 하지만 〈곰나루 전설〉의 곰처럼 부모가 자식을 죽일 수 있는 무서운 존재로 변할 수 있다는 것을 보여주는 또 하나의 이야기가 있어 함께 나누고자 호랑이의 이야기로 넘어가 보기로 하겠다. 이는 우리들이 어렸을 때부터 많이 알고 있던 〈해와 달이 된 오누이〉이다. 그 앞부분을 짧게 나눠보고자 한다.

옛날에 한 어머니가 삼 남매를 먹여 살리기 위하여 남의 집으로 가서 일을 해 주고 밤중에야 집으로 돌아왔다. 하루는 어머니가 메밀묵을 얻어 오다가 호랑이와 마주쳤다. 호랑이는 어머니에게 메밀묵을 주면 잡아먹지 않겠다고 하였다. 어머니가 그러면 아이들이 굶어야 하니 안 된다고 했지만 호랑이가 계속 위협을 하자 할 수 없이 주었다. 그러나 호랑이는 어머니의 팔과 다리까지 잘라 먹더니 결국 어머니를 다 잡아먹어 버렸다.

그리고 **어머니의 저고리와 치마를 입고 아이들이 있는 집으로 찾아가 문을 열라고 했다.** 그런데 남매는 아무래도 어머니의 목소리가 아닌 것 같아서 어머니 목소리가 아니라 문을 열 수가 없다고 하였다. 호랑이가 일을 너무 열심히 하여 목소리가 변한 것이라며 문을 열라고 하자 남매가 그러면 문구멍으로 손을 넣어 보라고 하였다. 그런데 남매는 손을 봐도 어머니의 손이 아닌 것 같아서 문을 열 수가 없다고 하였다. 그러나 호랑이가 일을 너무 열심히 하여 손이 상한 것이라며 문을 열라고 하였다. 남매는 할 수 없이 문을 열어 주었다.

호랑이는 갓난아이부터 돌보아야겠다며 갓난아이를 데리고 윗방으로 갔다. 그런데 남매가 엿들으니 윗방에서 갓난아이가 우는 것이었다. 남매가 호랑이에게 갓난아이가 왜 우느냐고 물으니 호랑이가 귀여워서 손가락을 깨물어서 우는 것이라고 하였다. **호랑이는 아기를 오독오독 씹어먹고 있었다.** 아무래도 이상하다 싶은 남매는 호랑이에게 지금 똥이 급해서 밖에 있는 변소에 가야겠다고 하였다. 호랑이가 안 된다며 윗목에서 그냥 누라고 했지만 남매는 방에서 누면 아버지한테 혼나서 안 된다고 하였다. 호랑이가 할 수 없이 문을 열어 주자 남매는 우물 근처에 있는 큰 고목나무에 올라가 숨었다. **잠시 후 갓난아이를 다 잡아먹은 호랑이가 남매를 찾아 밖으로 나왔다.**(후략) (옛이야기 〈해와 달이 된 오누이〉, 『문학치료 서사사전』 3, 3396)

이야기의 시작은 이렇다. '한 어머니가 삼 남매를 먹여살리기 위하여 남의 집으로 가서 일을 해 주고 밤중에야 집으로 돌아왔다.' 어머니는 아이들의 생계를 책임지고 있는 상황이다. 이 이야기를 들은 사람들은 "그럼 아버지는 어디에 갔냐?"고 하거나 "사별을 한 거 아니야?"라고 본다. 하지만 이야기에서 남매가 윗목에 똥을 싸면 아버지에게 혼난다고 하는 것을 보아 아버지는 함께 살고는 있지만 경제적인 영향력을 미치지 못하고 있는 상태라고 할 수 있다. 그렇다면 어머니만 아침 일찍 나가 밤 중에야 돌아오는 생활을 매일 하고 있는 것이다. 고되고 어려운 일상을 보내고 있는 어머니는 '호랑이'와 만나게 된다.

호랑이는 어머니에게 메밀묵을 주면 잡아먹지 않겠다고 하였다. 어떤 각편에서는 메밀이 아니라 떡이라고도 나온다. 메밀이든, 떡이든 호랑이가 실제로는 먹지 않는 것들이다. 이는 어머니가 가지고 있으면서 아이들을 위해 보관하고 있는 것들이다. 하지만 결국 어머니는 이를 지키지 못한 채, 자신이 가진 것을 모두 내어 주고, 자신의 몸의 일부인 팔, 다리도 각각 내어주다 호랑이에게 잡아먹힌다. 이는 중요한 상징이다. 어머니가 호랑에게 잠식되는 과정을 서서히 보여주고 있는 부분이기 때문이다. 어머니는 매일 고된 일상을 보내며 화가 나기도 하고, 지치기도 하고, 고통스럽기도 했을 것이다. 아이들을 위해 살아간다고 하면서도 자신이 왜 이렇게 힘들게 살아야 하는지, 그 분노를 담고 억누르며 살아가다가, 자신의 내면에 있는 호랑이를 마주하게 된다. 그래서 어머니는 어떻게든 저항을 해보려고 한다. 자신이 가진 것들을, 그리고 자기 자신의 일부인 팔, 다리까지도 내어주며 어머니로의 자신의 모습을 지키려고 부단히 노력한다. 하지만 결국 어머니는 억누른 자신의 호랑이 같은 면모를 더 이상 숨기지 못한다. 내면의 억누름은, 억누를수록 더 삐져나올 부분을 찾기 마련이다. 호랑이로 변한 어머니는, '어머니의 옷을 입고' 아이들에게 찾아간다. 이는 어머니가 호랑이처럼 폭력적으로 변해 아이들을 찾아가는 모습을 보여주는 장면이다. 어머니이기 때문에 어머니의 옷을 입고 호랑이처럼 변한 채 아이들에게 찾아가 문을 열어 달라고 한다. 이때 아이들은 어머니의 목소리가 아닌 것 같다고 말한다. 그도 그럴 것이, 어머니는 지금 원래 아이들을 대하던 어머니가 아니라 세상 모든 것에 분노하고, 자신의 상황에 지쳐 호랑이가 되어 버린 상태의 어머니이기 때문이다.

이렇게 호랑이로 변한 부모의 모습은 비단 이야기에만 그려지는 것이 아니다. 현실에서도 호랑이나 곰으로 변해버리는 부모들이 있다. 어떤 어머니가 부부싸움 중 홧김에 6개월 된 딸을 15층에서 던졌다는 사실이 뉴스에 대서특필된 적이 있다. 또, 어떤 한 아버지는 부부싸움을 말리는 자녀를 폭행하여 벌금형을 받기도 했다. 두 가지의 예시를 들었지만 이런 일은 우리가 알지 못한 채, 우리 주변에서 왕왕 일어나고 있는 사건들이다. 이들은 자신의 심약함을 타인에게는 드러내지 못해, 분노하고 있으면서 이를 약한 존재인 자녀들에게 화풀이하는 모습인 것이다. 이렇게 보면 이야기에서 동물로 나타나는 것은 해당 동물의 속성을 가진 인간의 한 모습으로 생각할 수 있다.

〈곰나루 전설〉의 어머니도 그렇다. 아내이자 어머니인 곰은 곰 상태로 그대로 살아가고 있다. 이야기에서 호랑이나 곰은 인간 내면의 속성을 상징적으로 드러내고 있는 것으로 이해할 수 있다. 특히 파괴적 성향의 무서운 모성상은 자주 삼키는 동물 및 괴물의 형상으로 나타난다. 〈해와 달이 된 오누이〉에서 어머니는 사람처럼 살다가 자신의 호랑이와 같은 폭력성을 어느새 만나게 된 것이라고 할 수 있고, 〈곰나루 전설〉의 어머니는 변함없이 언제나 곰과 같이 무서운 상태였던 것이다. 곰이 살던 동굴에 갇혀 곰인 어머니 혹은 곰인 아내의 지시대로만 나머지 가족들은 살 수 있다. 그리고 곰은 자신의 폭력성을 그대로 가진 채, 자녀와 남편을 대하고 있다. 그렇기에 영리했던 이여송은 아버지에 말한다. "이렇게 살다가는 모두 죽는다"고.

내가 원하는 이상적 타인

관계 안에서 상대를 동굴에 가둘 수 있을까? 이러한 질문을 한다면 우리는 백이면 백 아니라고 대답할 것이다. 그럼에도 우리는 상대를 나의 동굴에 가두려는 행위를 한다. 자기 마음 안에 타인이, 특히 가족이 자신이 원하는 대로 살아가야 한다고 보는 것이다. 〈곰나루 전설〉의 암곰 또한 남자를 처음 본 순간부터 그를 동굴에 가두고 아이까지 낳는다. 그리고 그를 영원히 소유할 수 있을 것으로 생각한 것 같다. 곰은 비단 남편만 가두지 않는다. 자녀들도 자신의 동굴 안에 가두고 있다.

자신의 동굴에 상대를 가둔다는 것은 자신만의 세계를 만들어 놓고, 상대를 그 안에 가둔 채, 자신이 원하는 대로 움직여줬으면 하는 원의를 갖고 있다는 것을 의미한다. 〈단군신화〉에서 곰에게 동굴은 혼자 자신만의 동굴로 들어가 스스로를 변화하려는 노력을 했던 장소였다면, 〈곰나루 전설〉에서 곰의 동굴은 나와 관계 맺는 '상대'를 자신 안에 가두는 장소인 것이다.

상대를 자신 안에 가두는 행위는 무엇을 의미하는 것인지 고려해 볼 필요가 있다. 우리는 상대를 가두지 못하는 것을 알면서도 가두고자 하는데, 이는 상대가 자신이 원하는 대로 움직여 줬으면 하는 마음과 연결된다. 이는 흡사 그리스로마 신화 피그말리온이 갈라테이아를 만드는 원리와 연결된다.

피그말리온은 여인들이 죄악 속에서 살아가는 것을 보고 독신으로 지냈다. 피그말리온은 눈처럼 흰 상아로 소녀상

21

을 조각하기 시작했다. 피그말리온은 자신이 만든 상아 소녀 조각상에 스스로 감동해서 사랑에 빠졌다. 그는 상아 소녀를 갈라테이아라고 이름 붙였고, 조각상에게 말을 걸기도 하고, 입맞춤도 하며 조개껍질과 백합 등을 선물했다. 피그말리온은 아프로디테의 축제일에 제물을 바치고 상아 소녀를 닮은 여인을 아내로 맞을 수 있게 해 달라고 기도했다. 아프로디테는 그의 소원을 들어주었다. 피그말리온이 집에 돌아와서 상아 소녀에게 입을 맞추자 조각상은 생명을 얻었다. 갈라테이아의 손에는 반지가 생겼고, 그것은 두 사람의 사랑이 영원히 지속될 것이라는 믿음의 징표였다.

피그말리온은 자신이 사랑하는 사람을 찾고자 하는 강력한 열망을 가진 존재로, 그 열망에 따라 자신의 사랑을 이루었기에 해피엔딩이라고 할 수 있다. 그에 따라 '피그말리온 효과'라는 용어 또한 긍정적인 기대를 가지고 있으면 그것이 이루어진다는 의미로 사용되고 있다. 그래서 우리는 피그말리온이라는 단어를 무언가가 희망하는 대로 잘 이루어진다고 이해하고 있다. 신화를 보면 긍정적인 기대가 상대에게 영향을 줄 수 있다는 것이다. 결과로 보면, 그렇다.

그러나 이를 그렇게 긍정적으로만 바라볼 수는 없을 것 같다. 주창윤의 『사랑이란 무엇인가』에는 〈피그말리온 신화〉

에 대해 피그말리온이 만든 조각상, '갈라테이아'에 대해 숙고한 내용을 담고 있다. 피그말리온은 이 세상 여인들이 자신에게 걸맞지 않는다고 생각한다. 이 세상 여인들을 '죄악' 속에 살고 있다고 평가하고, 독신으로 지내며 자신이 원하는 '상'을 만들기 시작한 것이다. 이것이 문제다. 나에게 맞는 사람이 없다고 생각하며, 내가 만든 '완벽한' 누군가와만 관계를 맺고자 하는 소망. 주창윤은 피그말리온의 조각상은 그가 '이상적 타자'를 만든 것이라고 말한다. 자기 마음이 공허하니 무엇으로라도 채우려고 하는 것이다. 이는 상대방을 있는 그대로 사랑하는 것이 아니라 내가 원하는 모습을 타인에게 원하며, 그런 모습과만 관계 맺고자 하는 것이다. 이러한 공허함은 상대방에게 변하지 않는 관계를 기대하며, 절대적으로 자신 만을 바라봐주기를 원하는 집착적 관계가 될 수 있다.

다시 〈곰나루 전설〉로 돌아가보자. 피그말리온의 사랑은 불가능하다. 상대를 자신이 원하는 대로 만들 수는 없다. 그렇다면 상대방을 자신이 원하는 대로 하기 위해서는 곰과 같이 자신의 동굴에 그들을 가두어 놓는 방법이 있다. 하지만 이 또한 집착적 관계이다. 타인을 자신 안에 가두어 놓으려는 집착적 관계가 성공적이지 못하면, 결국 자신을 죽이고 자녀를 죽이는 결과를 초래하게 되는 것이다.

인간은, 무엇으로도 될 수 있다

옛이야기 〈선덕여왕을 사모하다 재가 된 지귀〉에서 지귀는 선덕여왕이 자신을 바라봐주지 않자, 속이 타서 입에서 연기가 술술 난 후, '지귀(志鬼)'가 되었다. 지귀는 뜨거운 몸을 이끌고 다보탑을 끌어 안았고, 불이 붙어 재가 되었다. 그리고 그 후 다보탑이 새까맣게 되었다. 인간이 하나에 집착하면 이렇게 속에 불이 붙어 재가 되기도 한다. 우리는 흔히 자신의 마음대로 일이 풀리지 않을 때 "속에서 열불이 난다"라고 표현한다. 그리고 한국인에게만 있다는 '화병'도 마찬가지이다. 이는 미국정신의학연구회에 정신의학용어 'Hwabyung'으로 등재되며 증상으로 정의된 바 있다.

그렇다면 우리가 곰이, 호랑이가, 그리고 속에서 열불이나 재가 되지 않기 위해서는 어떻게 해야할까? 여기 호랑이로 태어났지만, 사람보다 더욱 사람 같은 한 인물이 있다. 이는 〈효자가 된 호랑이 형님〉이다.

나무를 하여 홀어머니를 모시고 사는 총각이 있었다. 하루는 총각이 나무를 하러 산에 올라갔다가 커다란 호랑이와 마주치게 되었다. 총각은 이제 죽었구나 싶었지만 얼른 꾀를 내어 그 자리에 주저앉아 울기 시작했다. 호랑이는 총각을 잡아먹으려고 하다가 갑자기 총각이 우는 것이 이상하여 왜 우느냐고 물었다. 총각은 자기가 홀어머니를 모시고 사는데, 어머니가 항상 집을 나간 맏아들을 그리워한다고 하였다. 그리고 또 호랑이에게 당신을 보니 집을 나간 우리 형님이 틀림없는데, 형님이 호랑이가 되어 계신 줄은 몰랐다며 통곡을 했다. 호랑이는 누가 자기를 낳아 주었는지 기억이 없는 것을 이상해하고 있던 차에 총각의 이야기를 듣자 기억이 없는 이유를 알 것 같았다. 호랑이는 총각의 나뭇짐을 해 주며 집에 가서 어머니에게 형님을 만났다고 이야기하라고 했다. 총각은 집에 돌아와 어머니에게 산에 나무를 하러 갔다가 호랑이를 만났던 이야기를 했다. 어머니는 걱정하며 총각에게 나무하러 가지 말라고 하였다. 그러나 총각은 다음날도 호랑이를 만났던 자리로 나무를 하러 갔다. 호랑이는 그 자리에서 기다리고 있었다. 총각은 호랑이에게 절을 하며 어머니에게 형님 이야기를 하였더니 왜 당장 데리고 오지 않았느냐고 성화를 하셨다고 했다. 또 오늘도 산에 나무를 하러 가면 형님을 만날지도 모른다고 했더니 따라 오신다고 하여 간신히 말리고 왔다고 했다. 호랑이는 총각의 나뭇짐을 해 주면서 오늘밤에 어머니를 만나러 갈 것이니 잘 말씀드리라고 했다. 집으로 돌아온 총각은 어머니에게 오늘밤 호랑이가 어머니를 만나러 오겠다고 했으니 호랑이가 오거든 호랑이를 꺼안고 통곡을 하라고 했다. 그날 밤이 되자 호랑이가 산짐승을 물고 와서 마당에 내려놓았다. 그 소리를 들은 총각과 총각의 어머니는 통곡을 하면서 뛰어나와 호랑이를 부둥켜안았다. 총각의 어머니는 호랑이를 방으로 데리고 들어가서 호랑이가 자기 아들이 틀림없다고 이야기했다. 호랑이는 앞으로 밤마다 집에 찾아오겠다고 하고 돌아갔다. 호랑이는 그날부터 매일 밤마다 산짐승을 잡아 어머니에게 가지고 왔다. 하루는 호랑이가 어머니에게 자기는 짐승의 몸이라 장가를 갈 수 없으나 동생은 장가를 들여야 하지 않겠느냐고 했다. 어머니가 가난한 살림이라 시집을 오려고 하는 처녀가 없다고 걱정을 하자 호랑이가 걱정하지 말라고 했다. 며칠 후 호랑이는 한 대갓집에서 혼례를 올리고 있는 처녀를 물어 왔다. 호랑이는 기절했다가 깨어난 처녀에게 자기는 이 집의 맏아들인데 사정이 있어 호랑이가 된 것이라고 하며 동생과 혼인하지 않으면 잡아먹겠다고 했다. 호랑이는 그렇게 동생을 장가들였다. 세월이 흘러 총각의 어머니가 노환으로 돌아가시게 되었다. 호랑이는 총각에게 음식을 잘 차려주며 마을 사람들을 불러 어머니의 초상을 치르라고 하였다. 호랑이는 명당자리를 잡아 어머니의 시신을 잘 모시고 총각에게 어머니 기일 때 와서 술이나 올리라고 하였다.

총각이 소상 때 가 보았더니 호랑이가 고기도 먹지 않고 시묘를 살고 있었다. 총각이 대상 때 가 보았더니 호랑이는 겉가죽만 남아 있었다. 호랑이는 총각에게 자기가 죽으면 어머니 옆에 묻어 주고 소상과 대상이나 챙겨 달라고 한 후 쓰러져 죽어 버렸다. 총각은 울면서 어머니 묘 옆에 호랑이를 묻어 주었다. 총각은 처녀와의 사이에서 아들 둘을 낳았고, 그 아들들이 자라 과거를 보러 가게 되었다. 아들들은 집안 내력에 관한 글을 지어 내고 급제를 하였는데, 과거의 시관이 아들들을 불러 내력에 대해 상세하게 물었다. 알고 보니 시관은 처녀의 아버지였고, 총각은 뒤늦게 처가 식구들을 찾아 아내와 아들들과 함께 잘 살았다.(〈효자가 된 호랑이 형님〉, 『문학치료 서사사전』 3, 3643)

〈효자가 된 호랑이 형님〉이 호랑이에서 인간성을 회복하는 데에는 이름이 한 몫 한다. 호랑이에게 잡아먹힐 뻔한 총각이 그를 '형님'이라고 불러 주었기 때문이다. 실제로 형님이 아니지만, 형님으로 호명하니 그가 가족이 되어 버린 것이다. 슬라보예 지젝에 의하면 이름은 자신의 고유성과 정당성을 보장하며, 자신을 인식시키는 유일한 존재로 만들어 주는 것이라고 한다. 그림책 『이름짓기 좋아하는 할머니』에서 할머니가 떠돌이 강아지의 이름을 '러키'로 짓고 환대하며 함께 살게 되자, 행운이 집으로 들어온 것처럼 말이다. 물론 〈효자가 된 호랑이 형님〉의 총각은 죽을 뻔한 상황에서 위험을 모면하려고 호랑이를 '형님'으로 호칭한 것이지만, 그에 따라 호랑이의 동물성은 재고되기 시작한다.

〈효자가 된 호랑이 형님〉에서 호랑이는 자신이 호랑이인 것을 변화시키지는 않는다. 즉 이야기에서 사람이 되지는 않는다는 말이다. 그런데 호랑이인 상태 그대로, 그러니까 자신의 본성을 변화시키지 않고서도 관계를 지속할 수 있다는 것이다. 이때 중요한 것은 가족과의 관계 안에서 '상대방의 소망'이 무엇인지 파악하며, '거리두기'를 하는 것이다. 앞서 〈곰나루 전설〉의 곰이나 〈피그말리온 신화〉에서 피그말리온은 자기 공허함을 채우기 위해 자신을 채워줄 누군가를 탐색하고 있었다. 그에 따라 곰은 자신의 동굴에 상대를 가두고, 피그말리온은 자신이 원하는 형상대로 상대방을 조각하였다. 여기에서 '나의 소망'이 중요하게 작동하는 것이다. 하지만 〈효자가 된 호랑이 형님〉에서 호랑이는 '가족'이 원하는 것이 무엇인지 고심한다. 어머님에게는 고기를 잡아다 주고, 동생에게는 아내가 될 여자를 찾아다 준다. 그들이 요청하지 않았더라도 그들이 원하는 것이 무엇인지 생각하고, 그들과 끊임없이 관계를 맺고자 한다. 그에 따라 호랑이는 밤마다 어머님을 찾아온다.

하지만 호랑이 형님은 자신의 본성을 잊지 않는다. 자신은 호랑이이고, 함께 한 공간에 살 수 없다는 것을 알고 있다. 그렇기에 밤마다 가족을 찾아오기는 하지만, 함께 살지는 않는다. 호랑이와 같은 자신의 본성은 언제든 깨어날 수 있다. 그것을 인지하고, 얼마만큼의 거리가 가족 간에 필요하다는 것을 알고 있는 것이다.

사실 결과적으로 호랑이는 더 높은 경지까지 이르게 되는데, 자기 본성을 죽이는 일이다. 시묘살이를 하는 모습에서 이를 포착할 수 있는데, 고기도 먹지 않고 살다가 호랑이는 죽음을 맞이한다. 자신이 가족관계를 지속하기 위해서는 호랑이와 같은 속성을 죽여야만 가능하다고 보는 것이 이야기에서는 '죽음'으로 나타난다. 흡사 〈단군신화〉에서 웅녀가 곰의 모습을 벗고 여인이 되는 것처럼.

호랑이는 인간이 될 수 있다. 하지만 반대로 인간도 호랑이가, 곰이, 여우가 될 수 있다. 우리가 어떻게 살아갈 것인지는 관계 안에서 내가 어떻게 행동하느냐에 따라 결정된다. 나는 누군가와의 관계 안에서 곰으로 살고 있지는 않은가? 사람답게 살고 있다면 어떻게 살고 있는지, 우리의 옛이야기와 함께 성찰해 볼 수 있다.

참고문헌

김혜미. 2018. 〈환생한 송아지 신랑〉설화를 통해 본 죽음과 환생에 대한 문학치료학적 고찰-소설과 구별되는 설화 속 아동·청소년 성장과정을 중심으로. *문학치료연구*, 47: 161-198.

나카자와 신이치, 김옥희 옮김. 2003. *곰에서 왕으로-국가, 그리고 야만의 탄생*. 동아시아.

박성혜. 2021. 자식생존형 곰설화에 나타난 타자에 대한 인식. *한국학논집*, 85: 101-138.

슬라보예 지젝 외, 최용미 옮김. 2013. *아듀 데리다*. 인간사랑.

염원희. 2011. 한국 곰 신화에 나타난 자연과 인간의 문제. *민속학연구*, 20: 29-47.

이유경. 2018. *한국 민담의 여성상*. 분석심리학연구소.

정운채 외. 2006. *문학치료 서사사전 1~3*. 문학과치료.

정운채. 2007. 구비설화에 나타난 자녀서사의 어머니. *문학치료연구*, 6: 231-252.

주창윤. 2015. *사랑이란 무엇인가-왜 지금 사랑이 중요한가*. 마음의 숲.

제2장
흐림과 있는 그대로 사이
그림책『마음안경점』, 조시온 글, 이소영 그림

박미옥

내 입술은 왼쪽과 오른쪽이 달랐지만,
움직일 때마다 은빛으로 반짝이는 파도처럼
춤의 물결로 피어났다.

-그림책『마음안경점』중에서

우리는 종종 자신을 이해한다고 생각하지만, 실은 받아들이기 쉬운 모습만을 골라 보며 살아가기도 한다. 필자 역시 그런 순간들을 여러 번 지나왔다. 부족한 나를 마주하기보다 외면하고 싶어 혼란스러웠던 순간도 적지 않았고, 지금도 그 마음이 완전히 사라진 것은 아니다.

다만 예전과 달라진 점이 있다면, 그 상태에 머무는 시간이 조금씩 짧아졌다는 것이다. 나를 부정하는 순간은 여전히 찾아오지만, 부정에서 벗어나 다시 나를 바라보기까지의 시간은 점점 줄어들고 있다. 그 과정을 통해 필자는 자기 이해란 나를 부정하지 않는 상태에 머무는 일이 아니라, 부정의 순간에서 다시 나를 인정하고 자신에게로 돌아오는 힘이라는 것을 알게 되었다.

이 글은 그림책 『마음안경점』에 등장하는 미나의 시선을 따라가며 이야기를 시작한다. 미나가 자신을 바라보는 시선이 어떻게 변화하는지, 그리고 그 변화가 관계 속에서 어떻게 자기 이해로 이어지고 의미로 확장되는지를 함께 살펴본다.

「마음안경점」 줄거리

체육 시간, 미나는 친구 소영이의 공에 맞아 안경이 부러졌다. 미나는 걱정하는 소영이에게 애써 괜찮다고 둘러대며 서둘러 집으로 돌아왔다. 집으로 돌아온 미나는 온라인으로 주문한 천사 인형이 담긴 택배 상자를 발견했다. 미나는 인형의 날개가 짝짝이인 불량품임을 알면서도, 반품하지 못한 채 장식장 위에 올려두었다. 한편 화장실 거울 앞에서 미나는 희미하게 비친 자신을 바라보며, 다른 사람들의 눈에도 자신이 흐리게 보이기를 바랐다. 왜냐하면 미나는 왼쪽과 오른쪽 입술선이 짝짝이기 때문이었다.

이후 미나는 새롭게 안경을 맞추기 위해 '마음안경점'을 찾아가 두 개의 안경을 써 보았다. 먼저 '배경 흐림 안경'을 쓰자 왼쪽이 더 올라간 짝짝이인 입술만 또렷이 보였다. 이어 '그대로 보이는 안경'을 쓴 미나는 얼굴 전체를 보게 되고, 결국 '그대로 보이는 안경'을 선택했다.

새 안경을 쓰고 집으로 돌아온 미나는 화장대 거울 앞에 서서 입술을 움직여 보았다. 그 순간 입술은 은빛으로 반짝이는 파도 같은 춤의 물결로 피어났다.

우리는 왜 자꾸 흐리게 볼까

체육 시간에 소영이가 던진 공에 맞아 미나의 안경이 부러졌다. 아이들이 걱정스러운 시선으로 미나를 둘러쌌고, 소영이가 허겁지겁 다가와 "괜찮아?"라고 묻자, 미나는 "괜찮아, 어차피 안경을 바꾸려고 했어"라고 말했다. 그 말은 마음에도 없는 말이었다. 이 한마디로 상황은 정리되었다. 미나가 숨기고 싶었던 것은 부러진 안경이 아니었다. 아이들에게 둘러싸인 순간, 미나는 자신의 왼쪽 입술 산이 오른쪽 입술 산보다 올라간 입술 모양이 보일까 걱정했다. 그 마음에서 "괜찮아"라는 말을 내뱉은 것이다.

안경이 부러진 사건은 우연한 사고였다. 하지만 미나가 오래도록 익숙하게 '세상을 바라보는 방식'에 균열을 낸 순간이기도 했다. 안경은 단순히 시력을 보완하는 도구가 아니라, 자신과 세상을 바라보는 하나의 상징이다. 미나는 무엇을 또렷하게 보고 무엇을 흐리게 볼지 이미 익숙해져 있었다. 그 기준은 누군가의 말에서 비롯된 것이 아니었다. 누구도 미나의 입술을 문제 삼지 않았다. 그러나 미나는 이미 스스로를 먼저 의식하고 있었다. 타인의 평가 이전에 마음속에 자리한 기준이 미나를 재단하고 있었던 것이다.

이 이야기는 미나만의 이야기가 아니다. 우리 역시 각자의 안경을 쓰고 자신과 세상을 바라본다. 하나의 결점에 시선이 머무는 순간, 우리는 스스로를 부족한 사람처럼 느끼며 숨고 싶어진다. 그렇게 익숙한 안경을 쓴 채, 우리는 자신과 세상을 종종 흐리게 보며 살아간다.

무엇이 나를 가로막고 있을까

미나의 안경이 부러진 순간은 묻지 않을 수 없는 질문을 남긴다. 결점을 먼저 떠올리게 하는 그 마음은 어디에서 시작되었고, 어떻게 자신을 가로막는 벽이 되었을까. 답은 타인의 시선이 아니라, '다르면 안 된다'고 믿어 온 미나의 시선 속에 있었다. 그 잣대는 특별한 사건이 아니라, 미나의 일상 속 작은 선택에서도 이미 모습을 드러내고 있었다.

집으로 돌아온 미나는 현관 앞에 놓인 상자를 발견했다. 온라인으로 주문한 천사 인형이 담긴 상자였다. 인형을 꺼내 보니 날개가 짝짝이였다. 반품하면 될 일이었지만, 미나는 선뜻 그러지 못했다. 날개가 짝짝이라는 이유로 인형을 되돌려 보내는 일이 왠지 마음에 걸렸다. 그 꺼림칙함은 단순히 불량품을 받았다는 데서 비롯된 것이 아니었다. 짝짝이인 천사 인형의 날개 위로, 짝짝이인 미나 자신의 입술이 겹쳐 보인 것이다. 인형을 되돌려 보내는 일이 마치 지금의 자신을 부정하는 일처럼 느껴졌기 때문이다. 미나는 불완전함을 마주하기보다 인형을 장식장 위에 올려두는 쪽을 택했다.

　미나를 가로막고 있던 '세상을, 혹은 자기 자신을 바라보는 방식'은 일상의 사소한 장면에서도 드러났다. 안경점에 가기 전에 미나는 화장실 거울 앞에 섰다. 그곳은 누구의 방해도 없이 오롯이 자신을 바라볼 수 있는 공간이었다. 그러나 그림책 속 화장실은 회색과 검정색으로 뒤엉킨 채, 뿌연 김이 서려 있어 마치 미나가 먹구름에 갇힌 듯 보인다. 이는 세상이 미나를 가린 모습이 아니라, 스스로를 바라보는 미나의 시선이 흐려져 있다는 것을 보여준다. 미나는 거울에 희미하게 비친 자신의 얼굴을 바라보며, 다른 사람들의 눈에도 자신이 이렇게 희미하게 보이면 좋겠다고 생각했다. 선명해질수록 드러날 것 같은 입술이 부담스러웠기 때문이다. 결점을 감추기 위해 흐려지기를 바라는 이 마음은 타인의 시선보다 먼저 자신을 의식하고 숨기려는 태도에서 비롯된다. 가장 사적인 공간인 화장실에서조차 미나는 편안히 자신을 바라볼 수 없었다. 그 순간 미나의 머릿속에 새 학기 첫날 장면이 스쳤다.

　　새 학기 첫날이면 으레 그런 순간을 겪곤 한다.
　　얼마 전에도 그랬다.

몇몇 아이들이 입을 가리고 쑥덕댔다.

곁눈질로 나를 계속 힐끔거리면서

"네 입술 왜 그래?"라고 묻는 것 같았다. (『마음안경점』)

새 학기 첫날 교실에서 아이들이 이야기를 나누고 있었다. 미나는 그 장면을 떠올렸다. 아이들이 "네 입술 왜 그래?"라고 묻는 듯한 시선을 자신에게 보냈다고 느꼈다. 실제로 아이들이 무슨 말을 했는지는 알 수 없었지만, 그 시선은 분명 자신의 입술을 향하고 있었다. 기억 속에서 미나는 교실 책상에 혼자 앉아 얼굴을 책에 묻고 있는 자신의 모습을 떠올렸다. 짝짝이 날개의 천사 인형에 자신을 겹쳐 보았듯, 그때도 미나는 스스로를 가리고 있었다. 미나를 가로막고 있는 것은 타인의 말이나 실제 시선이 아니었다. '다르면 안 된다'라는 생각, 스스로 만든 기준과 그 기준에 갇힌 시선. 그것이 미나를 옥죄고 있었다.

그대로 보는 연습

5교시 체육 시간이 끝나고 미나가 부러진 안경을 가방에 넣은 채 집으로 돌아간다. 사방은 뿌옇다. 그림책에서 미나는 양손으로 어깨 앞의 가방끈을 꼭 쥔 채 어깨를 세우고 걷다가, 이내 고개를 숙이고 등이 굽은 자세로 길을 걷는다. 회색으로 물든 거리와 흐릿한 풍경은 미나의 시선을 그대로 반영한다.

빨간불이 켜진 건널목 앞에 멈춰 섰을 때, 미나는 맞은편에 자리한 마음안경점을 발견한다. '언제부터 여기에 안경점이 있었지?' 수없이 오가던 등하굣길이었지만, 그날에야 안경점이 눈에 들어온다. 미나는 건널목을 건넌 후 길을 걷다가도 다시 뒤를 돌아 안경점을 바라본다. 안경이 필요해진 시점이기도 했지만, 보이지 않던 것이 보이기 시작했다는 사실은 미나의 내면에서 시선이 조금씩 방향을 바꾸고 있었음을 암시한다.

미나가 안경점 문을 여는 순간 처음 듣는 노래가 흘러나온다. '눈이 아니라 마음으로 보는 거야'라는 가사가 귀에 자연스럽게 스며든다. 이 말은 흔히 겉모습 너머를 보라는 뜻으로 이해된다. 그렇다면 왜 이 순간, 이 노래가 미나의 귀에 또렷하게 들려왔을까. 그것은 미나가 이미 자신을 온전히 받아들였기 때문이 아니다. 그동안 외면해 온 마음을 먼저 바라보게 하는 계기처럼 다가왔기 때문이다.

"무엇이 보이니?"

"입술요. 근데 왼쪽 입술 산이 더 올라갔……."

말끝을 흐렸다. 내 입술과 똑 닮아서다. (『마음안경점』)

미나는 안경점에서 두 개의 안경을 써 보았다. 하나는 '배경 흐림 안경', 다른 하나는 '그대로 보이는 안경'이다. 먼저 배경 흐림 안경을 쓴 미나는 검안기 너머로 자신의 얼굴을 들여다보았다. 그러나 또렷하게 보이는 것은 얼굴 전체가 아니라, 늘 신경 쓰이던 입술 한 부분 뿐이었다. 안경사는 이 안경은 한 부분만 또렷하게 보이고 그 주변은 흐릿하게 보인다고 설명했다. 왼쪽 입술 산이 오른쪽 입술 산보다 올라가 있다는 사실이 유난히 선명하게 다가왔다. 얼굴의 나머지 부분은 자연스럽게 흐려졌다. 마치 그 한 부분이 자신을 설명하는 전부인 것처럼 보였다. 시야는 좁아지고, 얼굴 전체는 배경으로 밀려났다.

이 안경은 새로운 결함을 드러내는 도구가 아니었다. 이미 미나의 마음속에 자리 잡고 있던 불안을 한 지점에 고정해 보여줄 뿐이었다. 흐려진 것은 세상이 아니라 자신을 바라보는 관점이었다. 한 부분만을 확대해 바라보면 전체를 보지 못하고, 자연스레 왜곡된 시각으로 나와 세상을 바라보게 된다. 마음에 걸리는 한 부분이 시야를 점유하면, 그 밖의 모습은 쉽게 보이지 않게 된다. 배경 흐림 안경은 그렇게 협소해진 미나의 시선을 드러내 보였다.

"지금은 무엇이 보이니?"

"얼굴요."

"아까와 똑같은 장면인데, 달리 보이지? 이건 그대로 안경이야. 특정 부분만 보이는 게 아니라 있는 그대로 보이는 안경이지."

이럴 수가!
나는 눈을 비비고 다시 검안기에 눈을 댔다.
그 얼굴을 가만히 들여다보았다. (『마음안경점』)

미나는 그대로 보이는 안경을 쓰고 다시 검안기에 얼굴을 들이댔다. 장면은 같았지만, 보이는 것은 달랐다. 이번엔 특정한 한 부분이 아니라 얼굴 전체가 보였다. 입술은 여전히 그 자리에 있었지만, 더 이상 시선을 독점하지 않았다. 얼굴을 이루는 여러 요소 중 하나로 자연스럽게 놓여 있었다. 달라진 것은 얼굴이 아니라, 자신을 바라보는 시선이었다.

편향된 자기 인식에서 벗어나 전체를 바라보는 시각의 중요성은 미나가 두 가지 안경을 착용해 보는 경험을 통해 드러난다. 고쳐야 할 부분을 찾던 눈은 멈추고, 있는 그대로를 바라보는 시선이 자리를 잡기 시작한 것이다. 결점은 사라지지 않지만, 그것이 차지하던 비중은 달라졌다. 한 부분만 볼 때와 전체를 함께 볼 때 미나가 인식하는 세계는 전혀 다르게 다가왔다.

정현종의 시 〈방문객〉에는 이런 구절이 있다. "사람이 온다는 건 실은 어마어마한 일이다." 시인은 한 사람이 온다는 것을 그의 과거와 현재, 그리고 아직 오지 않은 미래가 함께 도착하는 일이라고 말한다. 이 시는 흔히 타인과의 관계에서 환대의 의미로 읽힌다. 그러나 자신을 환대하지 못하는 이가 과연 타인을 온전히 맞이할 수 있을까. 미나는 안경점에서 그대로 보이는 안경을 선택한다. 미나가 선택한 '그대로 보이는 안경'은 자기 환대의 신호로 읽을 수 있다.

그것은 결점을 지워 보려고 한순간에 내린 결정이 아니었다. 마음에도 없는 말을 내뱉었던 순간, 자신을 숨기고 싶어 했던 마음, 흐릿하게 보이기를 바랐던 시간까지 포함해 결점을 의식하며 스스로를 밀어내 왔던 모든 순간을 함께 바라보는 선택이었다. 미나는 더 이상 특정한 모습만을 골라 바라보지 않는다. 괜찮아 보이려 애썼던 순간도, 애써 아무렇지 않은 척했던 시간도, 모두 자신의 일부임을 인정한다. 이 선택은 미나가 자신을 바라보고 인정하는 환대로 나아가려는 순간이기도 했다. 타인을 맞이하기에 앞서, 먼저 자기 자신을 있는 그대로 받아들이는 일. 미나가 쓴 '그대로 보이는 안경'은 바로 그 연습의 시작을 상징한다.

이 변화는 불교의 팔정도에서 말하는 정견(正見)과도 맞닿아 있다. 정견은 세상을 '바르게 본다'라는 뜻이지만, 곧바로 판단을 내리거나 정답을 찾는 태도를 의미하지 않는다. 그것은 왜곡된 해석과 자동적인 판단을 잠시 내려놓고, 지금 일어나고 있는 것을 있는 그대로 알아차리는 태도에 가깝다. 미나가 마음안경점에서 써 본 두 가지 안경은 이러한 정견의 태도를 이야기 속에서 구체적으로 보여준다.

안경이 완성되기를 기다리며 집으로 돌아온 미나는 장식장 위에 올려두었던 날개가 짝짝이인 천사 인형을 다시 바라보았다. 우리가 흔히 알고 있는 천사는 완벽함과 이상적 아름다움의 상징이지만, 인형은 여전히 날개가 짝짝이인 불완전한 모습이었다. 그러나 그것을 바라보는 미나의 마음은 이전과 달라져 있었다. 더 이상 숨기거나 외면해야 할 대상으로 여기지 않았다.

미나는 천사 인형을 안경사에게 선물하기 위해 상자에 담고 '소중히 다뤄'라는 글을 적고 있었다. 그것은 미나가 스스로를 소중히 여기려는 마음의 표현이기도 하다. 안경사는 그 선물을 받고 "세상에서 하나뿐인 아름다운 인형을 선물해 줘서 고맙다"라고 말했다. 날개가 짝짝이인 천사를 '유일한 존재'라 표현한 이 장면은 아름다움이 완전함의 결과가 아니라, 있는 모습 그대로를 받아들이는 태도에서 비롯된다는 것을 보여준다. 이 장면은 뒤 면지에 등장하는, 각기 다른 모양의 안경을 쓰고 있는 다양한 모습의 인형들과도 연결된다. 모두 같아야 한다는 기준이 없음을 시각적으로 드러낸다.

안경사와 인사를 나누며 가게를 나서던 미나는 잠시 멈칫했다. 안경사가 흔드는 왼손의 손가락이 네 개라는 사실이 그제야 눈에 들어왔다. 이전의 미나라면 그 손가락을 결핍으로 인식했을지도 모른다. 그러나 미나는 그 손가락을 바람에 흔들리는 꽃잎처럼 빛나는 모습으로 바라보았다. 부분에 머물던 시선에서 벗어나 존재 전체를 바라보는 시선으로 이동했음을 보여주는 장면이었다.

자신을 있는 그대로 바라보는 경험은 타인을 바라보는 시선까지 변화시킨다. 미나의 변화는 완벽해졌기 때문이 아니라, 자신을 부정하던 시간에 더 이상 머물지 않게 되었기 때문이다. 판단을 내려놓고 먼저 바라보는 연습. 마음안경점에서 시작된 이 작은 변화는 미나가 세상과 관계 맺는 방식을 천천히 바꾸어 가고 있었다.

나를 받아들이는 순간, 세상도 달라진다

'그대로 보이는 안경'을 쓰고 집으로 돌아온 미나는 화장대 거울 앞에 섰다. 입술을 여러 모양으로 움직이며, 표정이 바뀔 때마다 달라지는 얼굴을 바라보았다. 입술은 더 이상 고쳐야

할 결점이 아니라, 움직임 속에서 빛을 만들어 내는 일부가 되었다.

이제 미나는 자신을 뿌연 화장실 거울로 바라보지 않는다. 밝은 화장대에서 당당히 자기 자신을 바라본다. 화장대 거울은 단순히 얼굴을 비추는 도구가 아니다. 이전에 미나가 화장실 거울 앞에서 불안과 결점을 확인하던 모습과 달리, 화장대 거울은 더 이상 자신을 점검하거나 고치려 하지 않고 받아들이도록 이끄는 장소가 되었다. 미나는 이것이 자기만족에 그치는 것이 아니라, 자신을 둘러싼 조건과 한계 속에서도 능동적으로 자기를 수용하는 태도임을 알게 되었다. 그 빛을 발견하고, 그 빛을 빚어낼 사람은 결국 자기 자신이라는 것도.

그림책에는 글 없는 한 장의 그림이 펼쳐진다. 하늘색이 바탕을 이루고 있고, 미나가 거울을 보며 입술을 움직이는 열두 가지의 모습이 담겨 있다. 거울에 비친 미나의 얼굴은 테두리 없이 바탕과 이어진다. 미나는 입술을 살짝 다물었다가, 웃었다가, 찡그리기도 하고, 말하는 듯 움직이는 다양한 입술로 전혀 다른 표정의 얼굴을 만든다. 같은 입술이지만, 입술을 움직일 때마다 전혀 다른 얼굴이 된다. 어느 하나 틀린 모습은 없다. 다를 뿐이다. 그 모든 순간이 미나의 얼굴이었고, 그 움직임 하나하나가 미나의 모습이었다. 그 입술과 표정이 겹치며 은빛으로 반짝인다.

내 입술은 왼쪽과 오른쪽이 달랐지만,

움직일 때마다 은빛으로 반짝이는 파도처럼

춤의 물결로 피어났다. (『마음안경점』)

미나가 경험한 은빛의 반짝임은 새로 생긴 것이 아니었다. 이미 존재하던 모습을 바라보는 시선의 변화였다. 미나는 자신이 느끼는 결점을 부족하다고 여겼고, 그 상황을 벗어나기 위해 그것을 마주하지 않으려 했다. 그러나 자신을 부정해 오던 시선을 직시했기에, 움직임 속에서 빛을 마주할 수 있었다. 입술과 표정 하나하나가 겹쳐 생기는 반짝임은 살아 있다는 증거다. 이 빛은 외부에서 주어지는 것이 아니라, 스스로 발견할 때 비로소 드러나는 아름다움이다. 마치 윤슬이 물과 햇살을 만나 자연스럽게 생겨나는 빛처럼. 억지로 만들어 낼 수 없고, 있는 그대로를 받아들일 때 드러나는 찬란한 빛이다. 미나가 발견한 아름다움 역시 그러했다.

'아름다움은 내 곁 어디에나 있었다' 이 말은 입술의 변화만을 뜻하지 않는다. 숨기고 싶었던 결점을 받아들이기까지 견뎌야 했던 시간, 그 과정에서의 갈등과 망설임, 그리고 마침내 그것을 자신의 한 부분으로 끌어안은 마음의 태도까지 포함한 의미다. 미나는 이 경험을 통해 "아름다움은 내 곁 어디에나 있었다"라는 사실을 깨닫게 된다. 아름다움은 결과가 아니라, 그 과정을 경험하며 살아온 삶의 모습임을 알게 된 것이다.

나를 받아들이는 순간, 세상 역시 이전과는 다른 빛으로 다가온다. 이러한 시선의 변화는 결국 삶을 대하는 태도의 변화로 이어진다. 미나처럼 우리도 때로는 자신을 숨기고 싶은 부분을 안고 살아간다. 스스로 세운 기준 속에서 마음과 다른 말을 하며 살아가기도 하고, 있는 그대로 보면 될 것을 바라보는 일이 버거워 외면할 때도 있다. 그 마음과 어긋난 말이 나왔던 순간을 알아차리는 일 역시, 자신을 외면하지 않고 바라보는 경험이 된다. 이처럼 자신을 바라보는 시선은 결국 삶을 스스로 책임지는 태도로 이어진다.

사람의 마음은 서로 영향을 주고받지만, 누구도 타인의 삶을 대신 살아 줄 수는 없다. 내가 느끼는 감정은 내가 감당할 몫이고, 다른 사람이 무엇을 느끼고 어떻게 생각할지는 그 사람의 영역에 남아 있다. 『미움받을 용기』에서 소개되는 아들러 심리학 역시 변화의 주체는 언제나 '자기 자신'임을 강조한다. 과거 경험과 환경이 영향을 미칠 수는 있지만, 현재를 바꾸는 힘은 자신의 선택에 있다. 누군가를 곁에서 돕는 것은 가능하지만, 끝까지 대신해 줄 수는 없다는 의미다. "목마른 말을 물가에 데려갈 수는 있지만, 물을 마시게 할 수는 없다"는 속담처럼, 결국 자신을 바꿀 수 있는 사람은 자기 자신뿐이다.

미나의 시선을 따라가는 동안 우리는 깨닫는다. '바라보는 법'이 달라진다는 것은 곧 삶의 태도가 달라진다는 의미다. 누구나 자신만의 기준과 틀에 갇힌 안경으로 세상을 바라볼 수 있다. 미나 역시 그 안경을 써 온 아이였다. 그러나 미나는 '그대로 보이는 안경'을 쓰고 '있는 그대로의 자신'을 받아들였다. 흐릿하게 만들던 기준에서 벗어나, 자신의 입술을 바라볼 힘을 얻은 것이다.

있는 그대로 본다는 것은 무엇을 더 고치려는 시선이 아니라, 결점에 머물러 자신을 재단하던 시선에서 벗어나 자신을 바라보는 방향을 바꾸는 일이다. 더 이상 결점만 확대해 보는 시선에 갇히지 않게 되자, 미나가 세상을 보는 시선도 달라졌다. 자기 자신을 있는 그대로 받아들인 경험은, 다른 사람과 세상을 마주할 때도 판단이나 기준에 갇히지 않게 한다. 나아가 이 경험은 더 넓고 포용적인 시선으로 세상을 바라보는 힘으로 이어진다.

참고문헌

기시미 이치로, 고가 후마타케 지음. 전경아 옮김. 김정운 감수. 2015. *미움받을 용기*. 인플루엔셜. 159-163.

법륜 스님의 희망세상 만들기. 법륜스님의 부처님 이야기 *44화. 정견 사실을 그대로 보는 것.*

YouTube. https://youtu.be/-alvsiM_6HB?si=fWR7B0-nZ15qsZ-J.

조시온 글. 이소영 그림. 2021. *마음안경점*. 씨드북.

정현종. 2021. *섬 : 시인의 그림이 있는 정현종 시선집*. 문학판. 33.

임수정. 2025. 포토보이스 프로그램에 참여한 장애자녀를 둔 어머니의 자기이해 및 자기수용 과정 연구. *복지경영학연구* 14(2): 113-133.

제3장
공감, 인간다움을 향한 다정한 깨달음
소설 『아몬드』, 손원평

이미영

멀면 먼 대로 할 수 있는 게 없다며 외면하고, 가까우면 가까운 대로 공포와 두려움이 너무 크다며 아무도 나서지 않았다. 대부분의 사람들이 느껴도 행동하지 않았고 공감한다면서 쉽게 잊었다. 내가 이해하는 한, 그건 진짜가 아니었다. 그렇게 살고 싶진 않았다.

-소설 『아몬드』 중에서

49

우리는 흔히 '공감'이 절실한 시대를 살고 있다고 말한다. 타인의 아픔에 마음 아파하는 것은 공감의 소중한 첫걸음이다. 하지만 때로는 그 슬픔에 마음이 흔들려 정작 필요한 도움을 줄 힘을 잃거나, 찰나의 동정심으로 끝나버리기도 한다. 누군가를 가엽게 여기는 마음이 실천으로 이어지는 것은 생각보다 쉽지 않다. 그렇다면 타인의 감정에 깊이 이입하는 것이 어려운 이들에게 공감의 문은 영원히 닫혀 있는 것일까?

소설 『아몬드』의 주인공 윤재는 우리가 믿어온 공감의 문법을 뒤흔들며 새로운 연결의 가능성을 묻는다. 윤재의 여정은 타인의 감정을 똑같이 느끼는 것보다, 상대를 이해하기 위해 포기하지 않는 '의지'가 얼마나 귀한지를 일깨워준다. 본능이 삭제된 자리에서 의지만으로 수행하는 이 '공감의 기술'은 우리에게 인간다움의 본질에 대한 화두를 던진다.

우리는 타인의 삶을 모두 직접 체험할 수 없지만, 문학은 그 세계를 경험하게 하는 효과적인 통로가 된다. 이제 소설 『아몬드』를 길잡이 삼아, 차가운 인지적 노력이 어떻게 뜨거운 실천으로 번져가는지 그 경이로운 과정을 확인해 보고자 한다.

「아몬드」 줄거리

윤재는 감정 중추인 편도체, 일명 '아몬드'가 선천적으로 작게 태어나 기쁨이나 슬픔, 공포를 느끼지 못하는 '알렉시티미아'를 앓고 있다. 엄마와 할머니는 그가 평범한 삶을 살 수 있도록 상황별 감정 표현을 암기시키며 정서적 소통의 결핍을 보완해 주지만, 16세 생일에 발생한 묻지마 사고로 할머니를 잃고 엄마마저 의식불명에 빠지며 홀로 남겨진다. 참혹한 현장에서도 아무런 감정을 느끼지 못한 채 관객처럼 서 있던 윤재는 세상으로부터 괴물이라 불리며 고립된다.

혼자가 된 윤재의 삶에 또 다른 괴물이라 불리는 소년 곤이가 나타난다. 거친 폭력으로 자신을 방어하는 곤이를 보며, 윤재는 곤이의 말과 행동, 심지어 숨소리까지 관찰하고 따라 한다. 윤재는 심박사와의 대화를 통해 '친해진다'는 의미를 배우며, 곤이의 세계를 머릿속에 그려보는 상상력을 발휘하기 시작한다. 그리고 엄마의 시점에서 수많은 책을 읽으며 작품 속 주인공이 되어 그들의 생각과 감정을 연습해 나간다.

이후 곤이가 죽을뻔한 위기의 상황에 처하자, 윤재는 친구를 구하기 위해 주저 없이 몸을 던져 칼을 대신 맞는다. 결국 윤재는 기적적으로 의식을 회복한 엄마와 재회하며 이야기는 끝을 맺는다.

고장난 '아몬드'로 세상을 바라보다

소설 『아몬드』의 주인공 윤재는 스스로를 '고장났다'고 말한다. 뭔가가 제대로 작동하고 있지 않다고 생각한다. 윤재는 왜 스스로를 고장났다고 말하고 있을까? 그 이유는 자기 머릿속에 아몬드가 고장났기 때문이다.

> 누구나 머릿속에 아몬드를 두 개 가지고 있다. 그것은 귀 뒤쪽에서 머리로 올라가는 깊숙한 어디께, 단단하게 박혀 있다. 크기도, 생긴 것도 딱 아몬드 같다. 복숭아씨를 닮았다고 해서 '아미그달라'라든지 '편도체'라고 부르기도 한다. 외부에서 자극이 오면 아몬드에 빨간 불이 들어온다. 자극의 성질에 따라 당신은 공포를 자각하거나 기분 나쁨을 느끼고, 좋고 싫은 감정을 느끼는 거다. 그런데 내 머릿속의 아몬드는 어딘가 고장 난 모양이다. 자극이 주어져도 빨간 불이 잘 안 들어온다. 그래서 나는 남들이 왜 웃는지 우는지 잘 모른다. 내겐 기쁨도 슬픔도 사랑도 두려움도 희미하다. 감정이라는 단어도, 공감이라는 말도 내게는 그저 막연한 활자에 불과하다. (『아몬드』, 29)

윤재는 이처럼 감정적 반응이나 본능적인 감정적 회피 반응이 자동으로 작동하지 않는 선천적으로 '고장난 아몬드'를 갖고 있다. 윤재의 이러한 상태는 감정 표현 불능증(알렉시티미아)의 특징을 보여준다. 그는 슬픔, 기쁨, 분노와 같은 감정을 머리로는 이해하지만 가슴으로 느끼지 못한다. 윤재는 자극을 있는 그대로 받아들이며, 그것을 해석하고 이해하기 위해 자기만의 '설명서'를 만들어 나간다.

이 이야기는 단지 윤재만의 특별한 이야기가 아니다. 고장 나지 않은 아몬드를 가진 우리가 윤재와 얼마나 다를까. 스스로 감정을 느끼며 산다고 하더라도 그것을 나누며, 타인을 이해하며 함께하고 있는지 고민이 필요하다.

정서적 공감은 타인의 감정에 함께 '느끼는' 상태로 흔히 생각되지만, 이는 매우 어렵다. 흡사 우리가 난민의 고통이나 지구 반대편의 전쟁에 대해 '알고' 있어도, 우리의 직접적인 경험과 연결되지 않으면 깊이 공감하기 어려운 것과 비슷하다. 기실 우리는 감정을 잘 표현하지 못하거나, 타인의 고통에 무뎌지는 순간들, 나와 다른 사람을 쉽게 판단하고 거리를 두는 태도 속에서 공감의 한계와 마주한다.

이처럼 정서적 공감이 자동적으로 이루어지기 어렵다는 사실을 인식하는 것이 공감의 첫걸음이다. 공감하지 못하는 자신을 '이상하다'고 여기기보다, 오히려 이것이 자연스러운 현상임을 받아들이고, 자신의 한계를 객관적으로 인식하는

'자기 이해'의 과정을 거쳐야만 한다.

그렇기에 소설 『아몬드』는 단지 특이한 뇌를 가진 소년의 이야기가 아니라, 공감의 필요성과 가능성을 되묻는, 우리 모두의 이야기가 된다.

엄마가 가르쳐 준 인간사용설명서

윤재는 친구들이 어려움에 처해 있어도 그것이 어떤 감정인지 알아채지 못한다. 자연스럽게 따돌림을 당하기 일쑤였다. 엄마입장에서는 당연히 걱정이 될 수밖에 없다. 그래서 윤재의 엄마는 감정을 인식하고 표현하는 데 어려움을 지닌 아들이 세상과 단절되지 않도록, 마치 '인간사용설명서'처럼 표정과 감정 반응을 일일이 가르친다.

엄마는 더 이상의 질문을 일축하듯, '희로애락애오욕'의 기본 개념이라도 잘 암기하라고 했다.
- 복잡한 것까진 몰라도 기본은 꼭 알아야 해. 그렇게만 해도 조금 메말랐다는 소릴 들을지언정 정상 범주에 속할거야.
사실 나는 아무 상관이 없었다. 내가 미세한 단어의 차이를 감지하지 못하는 것처럼, 내가 정상인지 아닌지 따위는 내

게 아무 영향도 미칠 수 없었다.(『아몬드』, 38)

    이러한 엄마의 교육은 단순히 지식을 전달하는 것을 넘어, 아들이 '정상적인' 삶을 살기 바라는 간절한 희망이 담겨 있다. 엄마의 말은 윤재가 사회에서 최소한의 역할을 하며 무탈하게 살아가기를 바라는 마음을 보여준다. 또한, 감정을 느끼지 못하더라도 행동과 이해를 통해 사회적 관계를 맺을 수 있다는 가능성을 시사한다.

    윤재는 매일 밤 엄마가 보여주는 사진을 보며 사람들의 표정을 외우고, "슬퍼하면 이렇게 반응해", "기뻐하면 이렇게 웃어야 해"라는 지침을 반복적으로 학습한다. 이는 단순한 교육을 넘어, 타인과의 관계 맺기를 위한 '사회적 생존 전략'이었다.

    따라서 '인간사용설명서'는 윤재가 세상을 받아들이는 방식에서 사람들과 상호작용하기 위해 필요한 감정의 '번역 장치'로 작동한다. 이 설명서는 그에게 세상의 자극을 해석 가능한 의미로 전환해 주는 틀이며, 결국 이 설명서는 윤재가 감정 없이도 이해를 통해 관계를 맺는 과정의 출발점이 된다. 그는 감정의 자동화된 반응 없이도, 타인을 향해 다가가고 책임질 수 있는 '또 다른 방식의 인간성'을 준비해 나간다. 본능적으로 느끼지 못한다면, 지독할 정도로 이해하고 노력해서라도 곁에 머물겠다는 공감의 시작은, 훗날 윤재가 보여줄 행동 공감의 단단한 밑거름이 된다.

왜 아무도 도와주지 않았을까?

윤재는 그가 배운 '인간사용설명서'로는 설명되지 않는 모순된 세상과 마주한다. 설명서는 세상을 살아가는 최소한의 지침일 뿐, 유동적이고 변화무쌍한 세상 모든 사람들을 대하기는 녹록치 않다. 그리고 그가 어떻게 대처해야 할지 알 수 없는 커다란 사건이 발생한다. 이른바 크리스마스 이브의 묻지마 범죄.

> 유리에 피가 튀었다. 빨갛게. 내가 할 수 있는 거라곤 점점 더 빨개지는 유리문을 바라보는 것 뿐이었다. 그러는 동안 아무도 나서지 않았다. 저 멀리 얼어있는 전경들이 보였다. 마치 남자와 엄마와 할멈이 한 편의 연극이라도 벌이고 있다는 듯 모두들 꼼짝 않고 바라보기만 했다. 모두가 관객이었다. 나도 그중 하나였다.(『아몬드』, 61-62)

할머니는 현장에서 숨지고, 엄마는 쓰러진 채 피를 흘리지만, 사람들은 누구 하나 다가와 도우려 하지 않는다. 오히려 사람들은 스마트폰을 꺼내든 채 '관객'처럼 서 있었고, 윤재는 그들의 얼굴을 목격한다. 감정을 느끼는 그들이든 느끼지 못하는 윤재든 다르지 않았다. 관객, 이는 감정의 유무를 떠나 우리가 타인의 고통에는 적극 다가가지 못하는 현실을 상징적으로 드러내는 단어다. 결국 타인에게 공감이 감정을 통해서만 되지 않는다는 것을 보여준다.

윤재는 평생을 감정의 언어를 외우며 살아왔다. 무표정한 얼굴에 기쁨과 슬픔을 덧씌우는 법을 배웠고, 감정을 느끼지 못하더라도 상대에게 필요한 반응을 '수행'하려고 노력했다. 하지만 그날 거리 위 사람들은, 분명 감정을 느낄 수 있는 존재들이었음에도 불구하고 '행동'하지 않았다.

이 역설적인 장면은 윤재의 삶을 뒤흔든다. 감정을 느끼는 능력이 중요한가? 아니면 누군가의 고통 앞에 움직일 수 있는 태도가 중요한가? 과학철학자 장대익은 "공감의 반경은 가까운 사람에게 집중되고, 낯선 타인에게는 쉽게 닫힌다"고 말한다. 그날 거리 위 사람들은 그저 '남의 일'이라 여겼는지 모른다. 윤재는 그 사건을 통해 감정이 있어도 행동하지 않는 인간이 존재한다는 사실을 목격하며, 오히려 자신의 무감각함보다 그들의 무관심이 더 잔인할 수 있음을 직감한다.

감정 있는 괴물, 감정 없는 괴물과 그들의 만남

윤재의 삶에 진정한 변화를 가져온 것은 세상이 '정상'이라 부르는 범주를 벗어난, 이른바 '다른 괴물들'과의 만남이었다. 여기서 '괴물'은 태생적인 본질이라기보다, 각자 자기만의 기준에 따라 타인을 바라볼 때 생겨나는 인식의 결과물이라고 할 수 있다. 우리는 흔히 자신의 잣대로 해석되지 않는 이들을 소통 불가능한 존재로 낙인찍고 '괴물'이라 규정해버리곤 한다. 윤재와 곤이는 서로에게 바로 그 '이해할 수 없는 괴물'이었으나, 역설적으로 그 지점에서부터 새로운 공감의 서사가 시작된다.

윤재에게 타인을 이해하는 일은 자연스러운 본능이 아니라 의식적으로 선택해야 하는 고단한 과제였다. 그때 극단적으로 감정을 표현하는 인물이 나타난다. 바로 곤이이다. 엄마가 준 '인간사용설명서'보다 실질적으로 그 감정을 더 잘 보여주는 '살아있는 교과서'가 나타난 것이다. 곤이는 억눌린 분노를 거친 폭력으로 쏟아내기도 하고, 때로는 감당할 수 없는 슬픔에 젖어 아이처럼 울부짖기도 한다. 윤재는 그런 곤이의 요동치는 감정을 회피하지 않고 집요하게 응시한다. 곤이가 나비를 잔인하게 죽이며 윤재에게 공감이란 무엇인지 가르치려 할 때도, 윤재는 겁에 질리는 대신 "왜 그러는 거야?"라고 물으며 그 이면의 풍경을 상상하려 애쓴다. 윤재에게 곤이의 눈물과 비명은 해독해야 할 복잡한 암호이자, 감정이라는 미지의 세계로 안내하는 통로였다. 윤재는 감정의 빈자리를 메우기 위해 곤이의 숨소리 하나까지 모방하며 그를 마음속 깊이 그려보기 시작한다. 그는 감정의 빈자리를 메우기 위해 곤이를 해독해야 할 대상이자 세상으로 나가는 통로로 삼았다.

> 나는 세상을 조금 더 이해하고 싶었다. 그런 의미에서 내겐 곤이가 필요했다.(『아몬드』, 128)

윤재가 곤이에게 접속하는 방식은 지극히 인지적이다. 그는 곤이의 복잡한 표정을 분석하고, 마치 거울처럼 그의 행동을 똑같이 따라 하는 '모방'을 통해 상대의 세계에 접속을 시도한다.

> 나도 그 애가 하는 그대로 따라 했다. (...) 그때마다 나는 앵무새나 광대가 된 것처럼 똑같이 따라 했다. 곤이가 쉬는 들숨과 날숨의 횟수까지도 똑같이.(『아몬드』, 122)

얼핏 기괴해 보이기까지 하는 이 모방은 단순한 흉내를 넘어선다. 감정을 즉각적으로 느끼지 못하는 윤재에게 상대의 호흡을 맞추고 표정을 따라 하는 행위는, 타인의 고통과 존재를 자신의 감각 안에 물리적으로 각인시키는 치열한 학습이자 '공감의 기술'이다.

이러한 윤재의 노력은 마사 누스바움이 강조한 타자의 입장에서 이해하려는 태도와 깊이 맞닿아 있다. 누스바움은 이를 '문학적 상상력'이라 불렀는데, 이는 타인을 단순히 눈에 보이는 모습으로만 판단하지 않고 그가 살아온 삶의 배경과 맥락을 마음속으로 깊이 그려보는 능력이다. 윤재는 곤이가 왜 나비를 괴롭히는지, 왜 저토록 분노하는지를 끈질기게 질문하며 그 이면의 풍경을 상상한다. 이처럼 이해되지 않는 타자의 세계에 기꺼이 발을 들여놓고 그 마음의 지도를 그려보려는 노력은, 나와 다른 존재를 동등한 인간으로 받아들이는 가장 숭고한 배움의 과정이 된다.

무엇보다 이는 엄마의 가르침을 엄마가 없이도 꾸준히 해내고자 하는 윤재의 의지도 한몫을 감당 한다. 생각보다 감정을 가르칠 수 있다고 한 엄마의 노력이 헛되지 않았다는 것을 보여준다. 이러한 과정에서 엄마가 남긴 '인간사용설명서'는 단순히 사회적 코드를 흉내 내는 지침서를 넘어, 공감을 배우기 위한 기초 도구로 기능한다. 윤재는 이 설명서를 길잡이 삼아 곤이와의 관계 속에서 타인의 마음 상태를 세밀하게 관찰하고 해석하는 법을 익히며, 점차 자신의 방식으로 관계를 맺고 책임지는 주체로 성장해 나간다. 이는 감정을 본능적으로 '느끼는가'보다 타인을 '이해하고자 끝까지 노력하는가'가 인간 됨의 핵심임을 보여주는 상징적 장치로 '인간사용설명서'가 배치되었음을 시사한다.

결국 윤재는 곤이의 거칠고 일그러진 모습 뒤에 숨겨진 불완전한 슬픔을 포착하며, 감정의 강도보다 더 중요한 것은 상대를 성급하게 판단하지 않고 그 고통의 맥락을 함께 견뎌주는 '이해의 머무름'임을 깨닫는다.

느껴도 행동하지 않는 것이 진짜일까?

감정을 느끼지 않고 '이해'한 다음은 어떻게 되는걸까? '감정을 이해한 윤재는' 더 이상 '공식'에 따라 기계적으로 반응하는 존재가 아니다. 스스로 상황을 이해하고, 그에 맞는 행동을 주체적으로 선택하는 존재로 나아간다.

대부분의 사람들이 느껴도 행동하지 않았고 공감한다면서 쉽게 잊었다. 내가 이해하는 한, 그건 진짜가 아니었다. 그렇게 살고 싶진 않았다.(『아몬드』, 245)

이 구절은 윤재가 공감의 본질에 대한 깊은 통찰에 도달했음을 보여준다. 그는 단순히 감정을 인지하는 것을 넘어서, 감정에 대한 이해와 그에 따른 '행동'의 중요성을 인식하게 된다. 감정을 느끼고도 아무런 움직임이 없는 것은 진정한 공감이 아니라는 윤재의 인식은, 공감을 감정이 아니라 실천의 영역으로 끌어올린다.

이러한 윤재의 깨달음은 철학자 막스 셸러가 말한 공감의 본질과도 깊게 맞닿아 있다. 셸러는 진정한 공감을 단순한 '감정 전염'이나 '동일시'와 엄격히 구분한다. 타인의 슬픔을 보고 똑같이 눈물을 흘리는 것은 그저 감정이 옮겨붙은 상태일 뿐, 진정으로 그 사람을 이해한 것은 아니라는 뜻이다. 셸러에 따르면 진정한 공감이란 타인의 감정을 함께 느끼되, 그것이 내가 아닌 '타인의 고유한 경험'임을 명확히 인지하는 능력이다. 즉, 내가 그 사람이 되어버리는 것이 아니라, '나'라는 주체성을 유지한 채 '타자'의 아픔을 바라보고 존중하는 것이다. 윤재는 감정을 똑같이 느끼지는 못하지만, 곤이의 고통을 그만의 고유한 것으로 인정하고 끝까지 그를 따라가며 이해하려 노력한다. 이러한 '거리 두기'를 통한 이해는 오히려 타인의 아픔을 자신의 편의대로 해석하지 않게 하며, 더 단단한 행동의 근거가 된다.

그렇다면 공감은 반드시 나라는 존재를 송두리째 바꾸는

과정이 아니라는 점을 윤재는 몸소 보여준다. 그의 뇌 구조, 즉 작고 비활성화된 편도체는 여전히 변하지 않았다. 그는 여전히 두려움을 즉각적으로 느끼지 못하고, 감정을 자동적으로 인식하거나 표현하는 데 서툴다. 하지만 이제 그는 자기만의 방식으로 타인의 감정을 이해하고 공감할 수 있게 되었다.

> 글쎄요. 남들은 다 본 영화를 나만 못 보고 있는 거랑 비슷한 것 같아서요. 못보고 살아도 상관없지만 본다면 다른 사람들과 얘기 나눌 거리가 조금쯤은 많아지겠죠.(『아몬드』, 161)

그는 곤이의 고통을 '이해하려는 노력'을 멈추지 않았고, 그 결과 곤이를 위해 자신의 몸을 던지는 선택을 내린다. 곤이는 세상에 대한 분노와 절망 끝에 범죄 조직의 소굴로 발을 들이며 죽을지도 모르는 위태로운 상황에 처한다. 모두가 곤이를 구제 불능의 문제아로 여기며 외면할 때, 윤재는 곤이를 구하기 위해 홀로 그 위험한 현장을 찾아간다. 윤재는 곤이를 향해 휘둘러지는 날카로운 칼날 앞에서도 도망치거나 피하지 않는다. 그는 공포를 느껴서가 아니라, 친구를 구해야 한다는 자신의 인지적 판단과 의지를 지키기 위해 주저 없이 몸을 던져 곤이 대신 칼을 맞는다.

여기서 중요한 것은 그가 칼날 앞에 섰다는 극적인 상황 그 자체보다, 그가 자신의 이해를 '행동'으로 옮겼다는 사실이다. 공감은 마음속에 머무는 추상적인 상태가 아니라, 타인의 삶에 책임 있게 개입하는 구체적인 발걸음으로 완성되기 때문이다. 윤재는 타고난 기질이 변화한 것이 아니라, 있는 그대로의 자신으로서 타인의 삶에 책임 있게 개입한 것이다.

즉, 공감이란 나의 정체성을 근본적으로 바꾸는 것이 아니라, 내가 가진 한계 안에서 타인의 아픔을 외면하지 않으려는 실천의 자세에서 시작될 수 있다. 윤재는 감정에 대한 규범을 따르지 않아도, 자기만의 방식으로 진정한 공감을 실현해냈다. 공감은 '무엇을 느끼는가'보다 '어떻게 반응하는가'의 문제일 수 있다는 것을, 그는 삶을 통해 증명해 보였다.

윤재의 이야기는 결국, 공감이란 감정의 유무가 아니라 행동을 통해 타인의 고통에 '응답'하려는 선택의 문제임을 말해준다. 그리고 그 선택은 있는 그대로의 나로도 충분히 가능하다는 희망을 우리에게 건넨다.

실제로 공감이 학습 가능한 역량이라는 주장은 다양한 심리학 및 인문학 연구에서 강조된다. 로먼 크르즈나릭은『공감하는 능력』에서 공감을 "인간의 삶을 근본적으로 변화시킬 수 있는 사회적 기술"로 규정하며, 이를 훈련과 실천을 통해 확장할 수 있다고 본다. 그는 특히 '공감 근육'이라는 비유를 통해,

공감이 반복적 연습을 통해 강화될 수 있는 능력임을 강조한
다. 또한 피터 바잘게트의『공감선언』은 공감을 타고나는 본
능이 아닌 의식적 선택과 문화적 훈련의 산물로 해석하며, 현
대 사회가 이를 적극적으로 계발해야 한다고 주장한다. 이들
은 모두 공감을 감정의 본능이 아닌, 의지적이고 반복 가능한
학습의 결과로 본다.

> 비로소 나는 인간이 되었다. 그리고 그 순간 세상은 내게서
> 멀어지고 있었다.(『아몬드』, 248)

소설의 마지막에서 윤재는 이렇게 말한다. 이 문장은 윤재
의 여정이 단지 감정을 회복하는 이야기가 아니라, 타인을 이
해하고 책임 있게 반응할 수 있는 존재로 성장한 이야기임을
말해준다. 감정을 강하게 느끼는 것보다, 타인의 고통을 인식
하고 행동으로 응답하려는 윤리적 태도가 인간됨의 핵심이라
는 메시지다.

이 지점에서 필자는 드라마「비밀의 숲」의 황시목 검사가
떠오른다. 뇌 수술 후유증으로 감정을 잃어버린 황시목은 타
인의 아픔에 함께 울어주는 대신, 서늘할 정도의 이성을 바탕
으로 진실을 파헤치며 타인의 삶에 개입한다. 그러나 그에게
결핍된 감정은 결코 타인의 고통을 외면하는 핑계가 되지 않

았다. 황시목이 '법과 정의'라는 공익적 시스템 안에서 정의를 실천했다면, 윤재는 '관계'라는 사적인 영역에서 타자의 존재를 받아들이며 성장해 나간다. 두 인물 모두 감정의 부족을 변명으로 삼지 않고, 치열한 이해와 실천을 통해 공감의 가능성을 확장했다는 점에서 닮아있다. 이들은 우리에게 말한다. 공감이란 타고나는 본능이 아니라, 내가 가진 한계 안에서도 타인의 아픔을 외면하지 않기로 결정하고 실천해 나가는 '인간의 의지적 능력'이라고 말이다.

행동공감, 인간다움으로 응답하는 것

공감이란 꼭 울고 웃어야 가능한 걸까? 어쩌면 진짜 공감은, 감정의 진폭 그 자체가 아니라, 타인을 있는 그대로 이해하고 행동으로 반응하는 용기일지도 모른다. 소설 『아몬드』는 그 용기를 배워가는 한 소년의 여정을 통해, 공감은 타고나는 본능이 아니라 관계 속에서 학습되고 확장되는 '인간의 가능성'임을 증명한다. 감정을 경험하는 데 한계를 지닌 윤재는 관찰과 이해, 상상과 실천을 통해 타인의 고통에 응답하며 관계를 회복해 나간다. 그가 보여준 공감은 단순한 감정적 동조를 넘어, 타자의 존재를 수용하고 책임 있게 반응하는 '실천'

이었다.

이는 현대 사회에서 우리가 쉽게 빠지는 '관객 모드'를 비판적으로 성찰하게 만든다. 타인의 고통을 화면 너머로 지켜보며 감정적으로는 동요하지만, 정작 현실에서는 아무런 행동도 하지 않는 방관자적 태도 말이다.

진정한 공감은 감정을 얼마나 강렬하게 느끼느냐보다, 타인의 고통 앞에 내가 어떻게 반응할지를 선택하는 태도에 달려 있다. 로먼 크르즈나릭이 말한 '공감 근육'처럼, 윤재는 반복적인 이해와 상상을 통해 자신만의 인간다움을 완성해 나간다. 소설의 마지막에서 윤재는 "비로소 나는 인간이 되었다. 그리고 그 순간 세상은 내게서 멀어지고 있었다."고 말한다. 여기서 '세상이 멀어지고 있었다'는 표현은 역설적으로 윤재가 타인의 고통을 자신의 것처럼 온전하게 받아들이기 시작했음을 의미한다. 이전까지 윤재에게 세상은 멀리서 관찰하고 분석해야 할 '대상'에 불과했다. 하지만 이제 타인의 아픔을 대신 겪으며 그 고통 속으로 깊이 침잠하게 되자, 오히려 관객으로서 바라보던 객관적인 세상의 풍경은 희미해진 것이다. 즉, 차가운 관찰자의 자리에서 내려와 뜨거운 삶의 현장으로 들어섰음을 뜻한다. 이는 윤재의 여정이 단순히 감정을 회복하는 차원을 넘어, 타인의 고통을 실체적으로 인식하고 자신의 삶을 던져 응답할 수 있는 '진정한 인간'으로 성장했음을 상징한다.

소설 『아몬드』는 감정 불능에서 행동공감으로 나아간 한 소년의 성장기를 통해, 인간 관계의 본질과 치유 가능한 공동체의 가능성을 제안한다. 그리고 우리 모두에게 묻는다. 타인의 고통 앞에서 무표정한 관객으로 남을 것인가, 아니면 서툴더라도 끝내 이해와 실천으로 '응답하는 인간'으로 살아갈 것인가.

참고문헌

김정애. 2018. 문학치료 활동을 통해 본 서사능력과 공감 능력의
　　　상관관계. *문학치료연구* 48: 9-39.

김태호. 2019. 공감의 인지적 요소로서 서사적 사고와 공감 교육의
　　　방향. *학습자중심교과교육연구* 19(3): 1415-1429.

로먼 크르즈나릭 지음. 김병화 옮김. 2020. *공감하는 능력*. 서울:
　　　더퀘스트.

마사 누스바움 지음. 박용준 옮김. 2024. *시적 정의: 문학적 상상력
　　　과 공적인 삶*. 궁리.

막스 셸러 지음. 조정옥 옮김. 2005. *동감의 본질과 형태들*. 파주:
　　　아카넷.

손원평. 2017. *아몬드*. 창비. 양장본.

이미영, 김혜미. 2025. 소설『아몬드』에 나타난 '행동 공감'과 공감
　　　교육 프로그램 개발 시론-문학을 통해 본 공감의 기술.
　　　독서치료연구 17(3): 59-88.

자밀 자키 지음. 정지인 옮김. 2022. *공감은 지능이다*. 심심.

장대익. 2022. *공감의 반경*. 바다출판사.

정운채. 2012. 자기서사의 변화과정과 공감 및 감동의 원리로서의
　　　서사의 공명. *문학치료연구* 25: 361-381.

피터 바잘게트 지음. 박여진 옮김. 2019. *공감선언*. 예담아카이브.

헬렌 리스, 리즈 네포렌트 지음. 김은지 옮김. 2021. *최고의 나를
　　　만드는 공감 능력*. ㈜대성 Korea.com.

제4장
베틀 짜는 손, 삶을 창조하다
옛이야기 〈손 없는 색시〉

정영미

물 묵는다꼬 업디리께네 아이 참 아가 등더리서 마 쓱 빠
졌뿠거던. 웅덩이. 그래가 이 아 건진다고 손을 쓱 여이께네
거짓말인지 참말인지 손이 떡 붙었뿐다 말이라.

-옛이야기 〈손 없는 색시〉 중에서

우리는 삶의 기틀을 마련하기 위해 계획을 세우고 그 틀을 무엇으로 채울지를 고민한다. 우리가 만드는 틀은 생산과 창조가 가능한 공간이다. 그 틀이 작으면 많은 것을 담지 못하고 지나치게 크면 채우기 힘들다. 그리고 우리의 성장에 따라 틀도 성장해야 한다. 우리는 삶의 틀을 제대로 만들지 못하거나 창조성과 생산성을 제대로 확보하지 못하여 틀을 지키기 힘든 상황을 만나기도 한다. 그리고 틀이 좁아지면 당당하게 틀을 벗어나 새로운 세상으로 나가야 할 경우도 있다. 그런 위기의 상황을 기회로 만드는 것은 자신의 역량에 달렸다.

위기(危機)의 '기'와 기회(機會)의 '기'는 같은 베틀 기(機) 자를 쓴다. 위기를 극복하는 것도, 쓰러지는 것도 자신이다. 위기를 극복하여 기회로 만들기 위해서는 새로이 틀을 짜는 창조능력과 틀을 채우는 생산 능력이 필요하다. 그 생산과 창조의 중심에 손이 있다. 손은 작지만 틀을 만들고 삶을 경영하는 주체이다. 우리 손에 주어진 직조능력은 삶을 창조하는 능력이다. 그 능력을 키우고 유지하기 위해서는 위기의 상황에서도 좌절하지 않고 삶을 책임지려는 의지가 필요하다. 위기를 극복하여 기회로 만든 경험은 자신의 삶 뿐 아니라 다른 사람의 삶에도 선한 영향을 미치게 된다. 그것을 바탕으로 삶을 창조하고 함께 성장한다.

옛이야기 〈손 없는 색시〉 줄거리

옛날, 아들과 딸을 둔 정승이 있었는데 딸은 용모가 출중하고 베짜기를 잘했다. 어머니가 돌아가시고 새로 들어온 계모는 전처 딸을 못마땅해하여 딸이 낙태를 했다고 모함한다. 이를 들은 아버지는 딸의 손을 자르고 내쫓는다.

쫓겨난 딸은 정처없이 떠돌다 목이 마르고 배가 고파 배나무에 올라가 배를 따먹는다. 정승집 총각이 색시를 발견하고 자기 방에 들여 보살피게 되는데 총각의 어머니도 이를 알게 되지만 모른 체 한다. 총각은 과거를 보러 떠나며 처녀를 잘 보살펴달라고 어머니에게 부탁한다. 총각이 돌아오기 전에 색시가 잘생긴 아들을 낳지만 총각의 어머니는 손 없는 색시에게 아이를 업혀 집에서 내쫓는다.

아이를 업은 채 떠돌던 색시가 샘을 발견하고 물을 마시려고 허리를 숙인다. 이때 업혀있던 아들이 빠지는데, 팔을 내밀자 잘렸던 손이 생겨 아들을 구한다. 색시는 마을에 정착해 베를 짜서 아이를 키운다. 그 사이 집으로 돌아온 총각이 색시를 잊지 못해 찾아다니다 팔 년 만에 모자를 찾아 집으로 데리고 와서 잘 산다. 아들이 자라 어머니가 계모에게 억울하게 당했다는 이야기를 듣고 외가를 찾아 어머니의 무고함을 이야기하고 관가에 알려 계모를 처벌한다.

딸을 왜 숨겼을까?

〈손 없는 색시〉는 세계적으로 널리 퍼져있는 광포설화이
다. 손을 잘리는 이유와 손이 생기는 과정은 각편마다 다르
다. 하지만 처녀가 아버지에 의해 손이 잘린 채 집에서 쫓겨나
는 것으로 시작하는 것은 같다. 그리고 정처없이 떠돌아 다니
는 중에 남자를 만나고, 남자에게 일이 생겨 남자가 집을 떠난
사이에 아들을 낳지만 다시 쫓겨난다. 혼자 아이를 키우게 된
상황에 손이 생겨 어머니로서의 역할을 감당하게 되는 것은
공통적인 내용이다.

우리 옛이야기 〈손 없는 색시〉는 친모가 죽어 계모가 들어
오는 것으로 시작한다. 그 과정에서 색시의 존재는 아버지에
의해 숨겨진다. 그 모든 상황에 딸의 의견은 반영되지 않는다.
진실을 감추는 것도, 감추어진 진실을 캐내는 것도 딸의 의사
나 행동과는 무관하다. 그렇지만 딸은 이를 받아들일 수 밖에
없다.

옛날 참 어떤 정승의 집에 남매를 떡 낳아놓고 저거 모친이
돌아가셨는데, 그래 참 처녀는 과연한(과년한) 처녀가 되
고, 참 아들은 나이 한 열서 너살 무렀는데 정승이라도 참,
옛날에 참 재혼을 안 하나. 그래 재혼을 하게 떡 되가주고.

재혼을 하는데, 이 정승이 가마이 생각을 하이, 딸은 과연하재, 옛날에는 참 계모가 들오면 계모 행시(행세)를 하재 이래서 그 딸을 인자 감찼는 기라. 저가부지가 -(자기 아버지가)- 떡. 정승이, 인자 딸을, 그 큰 딸을 떡 감차 놓고 그래 장가를 들었어. (『한국구비문학대계(이하 대계)』 687-694)

　민담에는 선량한 어머니가 죽은 다음에 사악한 계모가 등장하여 전실자식을 괴롭히는 이야기가 많다. 〈콩쥐팥쥐〉처럼 우리나라 민담뿐 아니라 〈신데렐라〉와 같은 외국의 민담에도 많이 나오는 주제이다. 대부분 처녀의 계모로 들어와 누군가 도와주지 않으면 완수할 수 없도록 혹독하게 일을 시키거나 신체를 훼손하는 등 폭력적인 경향을 보인다. 〈콩쥐팥쥐〉의 경우, 밑 빠진 독에 물 붓기와 같이 어려운 일을 시키며 괴롭히고 가족으로부터 소외시킨다. 노동을 시키는 것으로 보이지만 가족으로부터 배제시키려는 모략이다.

　전통적인 가족관계에서 어머니란 살림을 운영하고 자녀를 양육하는 중요한 존재이다. 그런 어머니가 죽고 들어온 계모는 친어머니와는 다르다. 친모는 혼인과 출산으로 자연스럽게 가정에서 자기 자리를 부여받지만 계모가 집안에서 확고한 위치를 차지하기 위해 선택하는 방법은 사람에 따라 다르다. 민담에서의 계모는 친모의 흔적을 지우고 싶어하며 그 흔적에 친모가 남긴 자식도 포함되는 경우가 많다. 그리고 부모-자녀의 관계가 아니라 여자-여자의 구도를 형성하여 질투를 하기도 한다. 그 과정에서 전처 자식에게 학대와 폭력이 가해진다. 친모로부터의 자연스러운 양육이 아니라 여자로서의 질투가 포함됨으로써 편안한 관계를 맺기 힘들다.

계모가 전처 자식을 학대하면서 자기 지위를 구축하는 배경에는 새로 얻은 처에게 가정운영과 전처 자식의 양육을 전적으로 맡기고 물러선 아버지가 있다. 계모는 자녀를 자상하게 보살피기도 하지만 엄하게 훈육하기도 한다. 계모의 폭력을 훈육이라는 명분으로 아버지가 묵인하면서 딸은 위기에 처한다. 〈손 없는 색시〉에서 아버지가 '계모 행세'를 염려한 것으로 보아 사회적으로 그런 일은 드물지 않았으며 자신에게도 일어날 수 있다고 생각했던 것을 알 수 있다. 그리고 딸을 숨기고 장가를 들었다. 그렇지만 딸을 숨긴 것으로 문제가 사라지지는 않았다.

계모는 아들에게 바르게 말하지 않으면 쫓아낸다고 협박하여 딸의 존재를 확인한다. 아들을 협박하는 것으로 계모의 폭력성이 드러나기 시작한다. 그런 계모의 폭력성이 나타날 수 있다는 것을 아버지는 알고 있었고, 그것을 염려하여 과년한 딸을 숨긴 채 장가를 들었다. 과년한 딸이라는 것은 이미 출가를 할 나이가 되었다는 것이다. 하지만 혼처를 정해 출가를 시키려는 생각을 하지 못하고 아직은 아버지의 슬하에 두고자 한 것이다. 아버지는 딸을 출가시켜 독립을 시키거나 계모에게 딸의 존재를 알리고 이해를 구하려고 하지 않고 딸을 숨긴다. 이는 임시방일 뿐 적절한 선택은 아니다.

씨실과 날실을 엮어 창조성으로

계모는 딸이 있다는 것을 아들을 추궁하여 알게 되자 자신을 속인 남편에게 괘씸한 마음이 들었다. 그리고 딸의 존재를 확인하기 위해 아들을 앞세워 딸을 숨겨놓은 곳으로 갔는데 딸이 베를 짜고 있었다. 베를 짜고 있는 처녀의 인물이 출중한 것을 보자 괘씸한 마음이 더하여 없애버려야겠다는 마음을 먹었다. 딸로 보지 않고 처녀로 본 것이다. 처녀를 본 순간 계모의 분노가 극도로 차올랐다.

한 날은 인자 그 딸 있는 곳으로 아를 앞시아가주고(앞세워서) 떡 갔는 기라. 가보이 참 한 군데가 딱 감차났는데 가마이 문을 열고 드가보이 참 처녀가 아주 과연한 처녀가 인물도 아주 잘 나고 이런데 밍지비를 -(명주 베를)- 떡 짜고 있다 말이라. 그래 이 계모가 가마이 생각을 하이 괘씸하다

말이라. _저걸 어예 내가 거해야 되겠노?(『대계』 687-694)

　　인간의 생존을 위해서는 의·식·주가 필수요소이다. 그
기반 위에서 신체적 또는 정신적인 자기 계발을 시작할 수 있
다. 옷이 없으면 춥거나 더울 때 생존이 어렵고, 상처가 생길
위험에 처하여 죽음과도 직결된다. 의(衣)생활의 바탕은 베
짜기로 시작된다. 베짜기 기술은 인간 생존의 필수 요소이며
주로 여성이 담당하였다. 따라서 〈손 없는 색시〉에서와 같이
처녀가 베를 짤 수 있다는 것은 매우 중요한 능력을 갖추었음
을 의미한다.

　　베짜기와 관련된 신화적 모티브는 아일랜드, 그리스, 핀란
드, 인도, 중국 등 세계 곳곳에서 발견된다. 마야족의 익스첼
여신도 직조신이었으며, 수메르의 우투는 거미의 여신으로
베짜기와 옷의 여신이기도 하다. 그리스신화에서 지혜의 신
인 아테나여신이 관장하던 중요한 일 중에 하나가 베짜기이
다. 이처럼 베짜기는 고대로부터 중요하게 내려온 여성의 일
이자 능력이었다.

　　〈견우와 직녀〉 설화에서 직녀는 베짜는 솜씨가 매우 뛰어
나 '직조신'이라고도 알려져 있다. 신으로 대접받을 만큼 큰
능력을 가졌다고 인정한 것이다. 직녀는 천제(天帝)의 손녀
로, 김쌈을 잘하고 부지런하여 천제가 매우 아꼈다. 그래서 소

를 기르는 견우와 혼인을 시키는데, 견우와 직녀 부부가 자신의 본분을 망각하고 신혼의 즐거움에 빠져 자신들이 해야 할 일을 하지 않았다. 이에 화가 난 천제가 견우와 직녀 부부를 은하수 양편으로 떼어놓고 일 년에 한 번만 만나도록 했는데, 그들이 만나는 날이 칠석이다.

우리나라는 삼한시대부터 내려온 '길쌈놀이'를 통해 베짜는 것을 중요하게 여긴 것을 알 수 있는데, 동네 부녀자들이 한데 모여 공동으로 길쌈을 하던 풍습을 말한다. 칠월 칠석 무렵부터 팔월 추석까지 온 동네 부녀자들이 공동길쌈을 조직하고 길쌈 솜씨를 겨루기도 하였다. 아직도 칠석행사 중에 베짜는 솜씨를 달라고 비는 행사가 전해진다.

중국에서는 청나라시대까지 칠석 행사를 했으며, 칠석에 직녀가 여인들에게 베짜는 솜씨를 전수하기 위해 은하수를 건너 세상으로 내려온다고 믿었다. 이때 여인들이 직녀에게 베짜는 솜씨를 달라고 비는 '걸교(乞巧)'의식을 치렀다고 한다.

이렇게 베를 짠다는 것은 여성으로서는 매우 생산적이고 창조성을 발휘할 수 있는 능력을 가졌음을 의미한다. 씨실과 날실을 엮어 베를 짬으로써 창조성을 발휘한다. 따라서 〈손 없는 색시〉의 처녀는 생산성과 창조성을 가진 존재라는 것을 알 수 있다. 그런 생산성과 창조성을 발휘하여 무언가를 만들어낼 수 있다는 것은 능동적인 삶을 살 수 있는 자질을 갖추었

다고 볼 수 있다. 이는 자신의 삶도 자신의 의지와 노력으로
개척하여 창조성을 발휘할 수 있다는 것을 내포한다.

첫 번째 위기, 혹은 첫 번째 기회

집으로 돌아온 계모는 색시를 없애기 위해 골몰했다. 그 때
떡장사가 오자 딸을 죽일 수 있는 방법을 물었다. 아예 죽이려
고 마음 먹은 것이다. 떡장사가 가르쳐준 대로 돌메물묵을 쑤
어 먹였으나 배가 아프다고 구르기만 할 뿐 죽지 않았다. 그때
강아지만한 쥐가 아궁이에서 나오자 계모는 그 쥐를 잡아 껍
질을 벗겨 배가 아파 뒹굴다 잠이 든 처녀의 가랑이 사이에 놓
는다. 그리고 잠든 딸을 흔들어 깨웠다.

> 그노무 쥐로 참 금시 껍데기로 벗기노이 벌거이 이렇거
> 던. 그래 마 내노미,-(내어놓으면서)-
> "아이구, 그러마 그렇지 니가 이래노이 니가 배 아프다 넷
> 방구석을 맸구나."
> 하이구 마 고마 음해를-(누명을. 陰害)- 입히는 기라.
>
> (『대계』 687-694)

80

딸이 낙태를 한 것처럼 꾸민 것이다. 이는 처녀로서는 흠결이 있으니 아버지도 어쩌지 못하고 딸을 제거할 것이라는 것을 염두에 둔 행동이었음을 알 수 있다. 다른 각편에서는 처녀를 음해하기 위해 쥐를 길러서 사용했다는 내용도 있다. 계모가 딸을 제거하기 위해 사용할 수 있는 극단적인 방법으로, 옛이야기에서 자주 볼 수 있다.

그런 일을 맞닥뜨린 처녀는 그 사실을 제대로 인식하지 못해 그저 앞이 캄캄할 뿐이다. 상황을 파악하지도 못했다. 그런 처녀에게 계모는 정승 가문에서 처녀가 임신을 했으니 딸을 숨기지 않았느냐는 말과 함께 망신스러운 일이라고 하며 집으로 돌아갔다. 이제 처녀의 운명은 계모에게 달렸다.

그 상태로 계모는 핏덩이 쥐를 들고 집으로 돌아가 다짜고짜 정승에게 처녀가 임신을 하여 숨겨놓은 것이 아니냐고 따졌다. 아버지가 딸을 감싸 줄 수도 없는 상황을 만든 것이다. 정승이 그 사실을 믿지 못하고 있는 사이에 계모가 딸을 죽여서 물에 빠뜨리거나 어디로 보내라고 닦달했다. 정승은 그 상황이 자기가 염려한 '계모행세'라는 것을 생각지 못하고 사실로 받아들였다.

여성의 행동과 사고를 제한하는 것의 많은 부분은 남성에 의해 이루어졌다. 가장 강한 영향력을 행사하는 남성은 아버지로, 하지 말라고 하는 것이 많다. 그 중 대표적인 것이 성적인 관심과 행동이다. 아버지는 출가하지 않은 딸의 성적인 관심과 욕구를 철저하게 금지한다. 딸이 낙태를 했다는 것은 성관계를 전제로 하므로 딸은 아버지의 명을 어긴 것뿐 아니라 아버지 체면을 상하게 했으므로 아버지는 딸을 이해하거나 용서할 생각이 없다.

> 영감이 가마이 생각을 했어. 이거 참 정승의 집에서 이런 일이 나마 내가 위신이 어떠노? 이래 싶어가주고 마 참 안동 모린동 -(알게 모르게)- 저걸 마 내가 강물에 갖다 열뻬끼 -(넣을 수 밖에)- 없다. 싶어 그래 마 집에 와가주고 마 짝두로 끊어 쥑일라고 마 짝두로 쓱쓱 갈았어. 갈아가주고 참 불러가주고 와가주고 그래 지 동상을 불러 앉히놓고 그래, "그래 사실 이렇고 너거 누부가 이런 행동을 해가주고 [영감은 곧이 들었는 기라.] 이런 행동이 이러이 뭐 없애는 기 안 났나? 없앴뿌자." 카민서 두 손을 막 싹 끊어가주고 마 옛날에 거어 섬에다가 쪼맨한 섬에다가 옇어가주고 그래 마 동상을, 해 지고 어덥은데 마 강물에 갖다 옇으라꼬 마 지이-(지게 하여)- 보냈뿠어.(『대계』 687-694)

계모의 말을 듣고 아버지에게 떠오른 생각은 자신의 위신이 상하니 딸을 강에 넣어 죽여야겠다는 것이다. 딸을 불러 어떻게 된 일인지 묻지 않고 작두를 갈아놓는다. 딸을 향한 애틋함은 찾아보기 힘들고 집안의 위세를 생각하는 서슬 퍼런 아버지의 심정이 갈아놓은 작두의 날을 통해 전해진다. 그런데 정작 딸에게는 아무 말도 건네지 않고 아들에게만 처분하려는 의도와 방법을 말한다. 딸은 그저 옆에서 들으라는 식이다. 딸의 태도나 반응은 나와있지 않다. 가부장제에서 딸의 의견이나 호소는 고려대상이 아니라는 남성위주의 사회질서를 보여주는 장면이다. 그렇게 처녀의 손은 아버지에 의해 잘린다.

손은 인간 활동의 많은 부분을 담당하는 생존과 생산의 기본 도구이다. 손으로 삶에 필요한 기술을 배우고 의식주를 해결한다. 따라서 '손을 자른다'는 말은 아무것도 하지 못하게 한다는 것을 의미한다. 아버지는 딸의 손을 자름으로써 생산과 창조의 능력을 없애버린다. 그런 상태로 아들에게 누나를 물에 넣어 죽이라고 하면서 집에서 쫓아냈다.

처녀에게 닥친 계모의 음해와 아버지의 처벌은 처녀가 그동안 살아오면서 당한 가장 큰 위기이다. 친모의 죽음으로 의지할 수 있는 대상을 상실했다면 자신의 삶을 창조하고 책임져야 할 손을 상실하고 집에서 쫓겨난 것은 생존의 문제로 직결된다. 숨어 살아야 했던 처녀가 맞은 위기는 집을 떠나 독립

할 수 있는 기회가 될 수도 있다. 하지만 그 위기를 극복하고 기회로 만들기에 아직 처녀는 무력하다. 부모 슬하에서 살아온 처녀가 맞닥뜨릴 세상은 처녀가 지금까지 상상해 보지 못한 세상이다.

쫓겨난 처녀는 정처없이 떠돌다가 목이 마르고 배가 고프던 차에 부잣집에 이르러 배나무를 발견했다. 손도 없이 어렵게 나무에 올라서 배를 따먹고 미처 내려가지 못한 사이에 과거공부를 하던 정승집 총각이 처녀를 발견했다. 총각은 인물도 잘나고 손도 없는 처녀가 마음에 들어 나무에서 내려와 담을 넘어오라 하여 방에 있는 궤에 숨겼다. 그리고 총각이 종에게 밥을 달라고 하여 처녀를 먹여살리는 생활이 시작되었다.

목마름과 배고픔은 인간의 가장 원초적이고 기본적인 욕구이다. 어릴 때는 부모가 그 욕구를 충족시켜 주지만 과년한 처녀는 스스로 그 욕구를 해결해야 한다. 과년한 처녀의 배고픔은 성욕을 포함한다. 처녀는 먹을 것을 구걸한 것이 아니라 스스로 나무의 배를 따먹음으로써 그 욕구를 해결하고 생기를 회복한다. 당면한 문제를 스스로 해결하려는 주체적인 노력이 있었다는 것을 보여준다. 단순히 갈증과 기아를 해결한 것이 아니라 자발적이고 능동적인 태도를 취하게 되었다는 의미이다.

스스로 배를 따 먹음으로써 활력을 얻게 된 처녀를 부잣집 총각이 발견하여 자신의 거처로 데려갔다. 거절하거나 억지로 끌려간 것이 아니라 남자와 함께 할 것을 처녀가 선택한 것이다. 처녀를 데리고 간 총각은 안전한 장소를 제공하고 밥을 먹이며 돌본다. 하지만 집이라는 전체 공간을 제공하지 않고 자신의 방, 그것도 궤에 숨겨 놓음으로써 남성 위주의 사회질서 속으로 처녀를 데리고 간 것이다. 이는 총각이 여자를 대하는 방식이다. 집을 나와 자신의 주체성을 찾을 기회를 얻었으나 총각의 방에 가두어지면서 주체적인 삶은 다시 멈춘다. 아버지가 제공한 세계가 집이었다면 총각이 제공한 세계는 더 좁은 방이며 심지어 궤에 숨어 살게 된다. 아직 세상에 나올 준비가 되지 못한 것을 의미한다.

남자를 만나 딸이 아닌 여성으로서의 삶을 시작하지만 아직 자기 손으로 할 수 있는 것은 없다. 심지어 밥도 총각이 먹여주어야 하는 의존적인 삶이다. 그곳에서 한 사람의 독립된 존재로 자리매김하는 것은 불가능해 보인다. 처녀의 존재는 아직 드러나지 않는다. 그렇다고 막다른 곳에 고립되어 아무것도 할 수 없는 상태가 된 것은 아니다. 남자의 세계로 들어감으로써 그동안의 고생으로 지친 처녀가 편안하게 안주할 수도 있다. 남녀가 만나 아이를 낳고 가정을 이룰 수 있는 가능성을 가짐으로써 창조성을 발휘할 수 있는 기회를 얻은 것이기도 하다. 이 상태가 기회일 수도 있지만 독립을 저해하는 위기이기도 하다.

두 번째 위기, 혹은 두 번째 기회

총각은 손이 없는 처녀에게 밥을 먹여주고 누구도 가까이 하지 못하게 숨겨놓는다. 하지만 이상하게 느낀 하인에게 들켜 총각의 어머니도 처녀의 존재를 알게 된다. 하지만 처녀의 정체에 대해 확인하거나 어떤 처분도 내리지 않고 밥을 넉넉하게 주라고 한다. 그러다가 총각은 과거날이 다가오자 어머니에게 처녀를 보살펴달라 부탁하고 떠난다. 어머니는 처녀를 다른 사람에게 부탁하지 않고 손수 돌본다. 그러던 사이 서너 달이 되자 처녀의 배가 불러왔다.

> 열달이 되가주고마 애기를 낳았어. 놓고 보이 넘 몰리 인자 애기를 놓고 보이, 애기를 낳는데 참 머슴앤데 이머슴애가 참 인물이 잘났는 기라. 인물이 잘났는데 그러구로 참 도오 달 돼가주고 자기 아들도 머 올때도 되가고, 오모 또 만약에 안 보낼라카 머 우야겠노 싶어가 마 고마 마 아를 업히가 인자 보냈뿠어.(『대계』 687-694)

처녀는 총각이 함께 있을 때는 존재를 드러내지 않고 총각의 방에 머물 수 있었다. 하지만 총각이 떠나면서 총각의 어머니에게 손없는 색시는 필요없는 존재가 되었다. 아들이 있을 때는 아들의 욕구를 해소할 수 있는 존재였지만 혼인도 하지 않은 아들에게 여자가 있다는 것은 정승집으로서는 용인하기 어려운 일이다. 더욱이 손이 없는 색시는 다른 사람들의 입에 오르내릴 수 있는 부끄러운 존재에 불과하다. 그런 색시를 거둘 이유가 없다. 색시가 잘 생긴 아들을 낳았지만 그것이 색시를 거둘 명분이 되지는 못했다. 오히려 아들의 삶에 큰 장애가 될 것이라 생각한다.

어머니는 정승 가문에서 저런 걸 놔뒀다가 말이 날까 싶어 처녀를 내보내려고 한다. 하지만 처녀는 어머니의 명을 따르지 않고 그 집에서 아이를 낳아 두어 달 되면 업고 나갈 테니 그때까지만 돌봐달라 사정한다. 아이를 가진 몸으로 손도 없는 상태에서 쫓겨나 더 큰 위기에 몰리기보다 비굴함을 감수하며 선처를 바라는 선택을 한 것이다. 이제 색시는 자신의 의견을 표현하고 자식에 대한 책임감을 드러내기 시작한다.

그렇게 시간은 벌었지만 아이를 낳고 두어 달이 지나자 시어머니는 아이를 업혀 색시를 쫓아냈다. 총각의 핏줄인 아들도 같이 쫓아냄으로써 색시의 흔적마저 지우려고 한다. 딸이 낙태를 했다고 손을 자르고 쫓아낸 아버지처럼 손 없는 색시가 집안의 부끄러운 존재가 될 것을 염려하여 쫓아내는 시어머니는 집안의 위신을 먼저 생각한다는 점에서 같은 양상을 보인다. 그렇지만 아버지의 결정에 참여하지 못했던 예전의 처녀가 아니다. 자식을 품은 어머니가 된 것이다. 그리고 시어머니에게 자신을 돌봐줄 것과 그 후에 나갈 것이라는 말을 하여 자율적인 선택을 할 수 있는 사람으로 성장한 것이다.

시어머니로부터 쫓겨나며 색시에게 다시 위기가 닥쳤다. 아버지로부터 쫓겨났을 때는 손이 잘림으로써 생산성과 창조성을 상실했고 시어머니로부터 쫓겨났을 때는 아들을 업고 쫓겨나 삶의 무게는 더해졌다. 아버지로부터 쫓겨났을 때는 무력한 상태로 혼자만의 삶을 감당해야 했지만 어머니가 되어 아들과 함께 쫓겨났을 때는 아들의 삶에 대한 책임도 주어졌다. 생존능력과 아들을 양육해야 하는 책임의식이 필요하게 된 것이다. 비로소 어머니로서의 삶을 감당해야 하지만 아직 손이 없는 색시와 아들에겐 지난한 삶이 펼쳐져 있을 뿐이다. 아직 위기의 시간으로, 기회는 요원해 보인다.

창조성, 자기 삶을 직조하는 힘

시집에서 쫓겨난 색시는 아이를 업고 길을 떠났다. 오라는 사람도, 가야 할 곳도 없다. 생존을 위해 일을 하거나 아이를 돌볼 수 있는 '손'도 없이 아이를 업고 쫓겨난 색시는 어머니가 되었지만 아직 아들을 키울 능력도 없다. 감당하기 힘든 삶이 앞에 펼쳐져 있을 뿐이다. 아들을 낳은 것이 생명을 창조한 것이라면 그 생명을 유지할 수 있는 생산성은 회복하지 못하여 창조성도 아직은 자리를 잡지 못한 상태이다.

색시는 목이 마르고 아들은 젖을 달라고 보채지만 업은 아들에게 젖을 주기 위해 내렸다가는 다시 업을 수 없어 젖도 먹이지 못했다. 그렇게 가다 샘을 발견했다. 샘에서 물을 마시려고 몸을 숙이자 업혀있던 아기가 쏙 빠졌다. 색시가 자기에게 손이 없다는 것도 생각지 못하고 아이를 잡으려고 팔을 뻗자 잘려 나갔던 손이 생겼다.

> 가다보이 참 웅덩 새미가 하나 있는데, 그 참 물을 좀 묵는 다꼬 아를 업고, 물 묵는다꼬 업디리께네 아이 참 아가 등 더리서 마 쓱 빠졌뺐거던. 웅덩이. 그래가 이 아 건진다고 손을 쓱 여이께네 거짓말인지 참말인지 손이 떡 붙었뿐다 말이라.(『대계』 687-694)

샘은 생명의 원천이자 재생의 공간이다. 그 샘을 채운 물은 죽어가는 생명을 살린다. 사람은 어머니 뱃속의 물에서 시

89

작되고 생명은 물 없이는 유지되지 못한다. 그 생명의 장소에 목마른 색시와 아들이 다다른 것이다. 그곳에서 색시는 손과 함께 창조성이 회복되었다. 손이 잘림으로써 상실했던 창조성과 생산성이 회복되어 아들의 생명을 살리고 두 사람의 삶을 감당할 수 있게 된 것이다. 손이 생겨 다시 베를 짤 수 있게 된 색시는 낯선 마을에 정착해 혼자 아들을 키웠다.

색시의 창조성은 베틀 위에서 펼쳐지고 자기 삶을 개척할 수 있는 힘이 되었다. 손 없는 색시가 위기를 기회로 만들 수 있었던 것은 삶의 바탕인 틀을 만들기 위해 모진 고난에도 쓰러지지 않고 자신의 세계를 만들 수 있었기 때문이다. 그리고 삶의 베틀 위에 자신과 아들을 책임지려는 씨실과 자신의 삶을 창조하려는 날실을 엮어 옷을 만들 수 있는 생산성을 발휘한 것이다. 생산성은 창조성으로 힘을 얻고 창조성은 생산성을 통해 발휘된다. 그 모든 것이 손을 통해 이루어지며 자신의 손으로 삶을 일구어가는 것이다.

참고문헌

김공숙. 2017. 민담 〈손 없는 색시〉에 나타난 원형의 의미 - 주인공 개성화 과정을 중심으로. *한국학연구*, 61: 5-40.

김헌선 외. 2022. 제주 민담 〈손 없는 색시〉의 심층심리학적 해석 - 채순화 구연 「배나무 배보주딸」 각편을 예증삼아. *탐라문화*, 70: 5-43.

김혜미. 2020. 구비설화 〈내 복에 산다〉 각편을 활용한 청소년의자기서사 진단 사례 연구 - 설화에 대한 반응과 동화창작을 중심으로. *문학치료연구*, 57: 153-200.

김환희. 2016. 한국과 켈트의 〈손 없는 색시〉 설화에 관한 비교문학적인 고찰 - 서사구조와 모티프를 중심으로. *민족문화연구*, 73: 97-139.

박재인. 2020. 계모이야기의 억압구조와 생태주의 서사 원리, 그리고 쾌(快)의 회복. *구비문학연구*, 58: 67-100.

오이겐 드레버만. 2013. *어른을 위한 그림 동화 심리 읽기 2.* 교양인, 23-82.

이유경. 2018. *한국민담의 여성상.* 분석심리학연구소, 64-85.

이유경. 2006. 민담 〈손 없는 색시〉를 통한 여성 심리의 이해. *심성연구*, 2(1): 38-76.

이지영. 2002. 직물신의 전승에 관한 시론적 연구 - 옷 · 베짜기 신화소를 중심으로. *구비문학연구*, 14: 281-318.

이창숙. 2014. 직녀에게 솜씨를 빌다. *문헌과 해석*, 67: 43-56.

임이랑 외. 2023. 여성 고난 설화의 연행과 전승에 나타난 탈가부장적 지향 - 〈내복에 산다〉, 〈구렁덩덩 신선비〉, 〈손 없는 색시〉를 중심으로. *문학교육학*, 31: 78-163.

정영미. 2021. 양육미혼모의 자녀양육 자신감 향상과 양육태도 개선을 위한 문학치료 사례연구. *문학치료연구*, 59: 93~190.

정운채 외. 2015. *문학치료학의 서사사전 2 상*. 문학과 치료, 1785-1789.

정제호. 2022. 〈손 없는 색시〉에 나타난 여성 '주체성'의 사회적 함의. *고전문학연구*, 61: 135-160.

최자운. 2003. 〈손없는 색시〉 설화의 비교설화학적 연구 – 한국설화의 통과제의와 여성의식을 중심으로. *시민인문학*, 11: 253-270.

한국학통합플랫폼(https://kdp.aks.ac.kr/), 한국 구비문학 대계 (https://kdp.aks.ac.kr/gubi).

제5장
황금빛 모성과 무지개 아이
그림책 『메두사 엄마』, 키티 크라우더

유현수

"너는 나의 진주야. 내가 너의 조가비가 되어 줄게."
메두사 엄마가 부드럽게 말했어요.

-그림책 『메두사 엄마』 중에서

내 아이를 잘 기르고 싶다는 마음은 부모라면 누구나 갖는 자연스러운 바람일 것이다. 하지만 막상 부모가 되고 나면 "나는 과연 잘하고 있는 걸까?"라는 막막한 질문 앞에 서게 된다. 이번에 소개할 키티 크라우더(Kitty Crowther)의 『메두사 엄마〈Mère Méduse〉』라는 그림책은 바로 그런 절실한 물음에 따뜻한 대답을 건네는 작품이다.

이 책은 우리에게 익숙한 그리스 로마 신화 속 '페르세우스와 메두사'의 모티브를 현대적 감각으로 재해석한 작품이다. 저자는 현실과 환상을 오가는 독특한 서사를 통해 무조건적인 모성, 존재의 분리, 성장, 세상과의 관계맺기라는 주제를 깊이 있게 그려낸다. 특히 메두사의 머리칼로 상징되는 다채로운 비유를 활용해, 단순히 생물학적인 엄마를 넘어 성숙한 모정을 가진 존재로 거듭나는 과정을 흥미로운 그림과 따뜻한 메시지로 전하려 한다. 신화 속 메두사가 죽음을 통해 저주에서 풀려났다면, 이 책의 엄마 메두사는 자식이라는 거울을 통해 자신의 상처를 대면하고 비로소 진정한 삶으로 복귀한다. 자식을 향한 지극한 모성이 때로는 나 자신과 아이 모두를 고립시키고 있지는 않은지 성찰하게 하는 이 작품은, 불안의 시대에 놓인 모든 부모에게 따뜻한 위로와 용기를 건넬 것이다.

「메두사 엄마」 줄거리

　세상으로부터 격리된 채 살아가던 메두사는 어느날 두 명의 산파들의 도움을 받아 딸 '이리제'를 낳는다. 딸을 향한 사랑이 지극했던 메두사는 자신의 거대한 머리칼 속에 아이를 숨겨 키우기 시작한다. 이 머리칼은 아이에게 세상의 위험을 막아주는 완벽한 성벽이었지만, 이리제에게는 세상과 마주할 기회를 가로막는 벽이 되기도 했다. 이리제는 엄마의 분신처럼 자라나며, 모든 일상을 머리칼 속에서 보낸다. 하지만 이리제는 차츰 성장하게 되고, 자연스레 엄마의 머리칼 밖의 세상을 궁금해 하게 된다. 굳게 닫힌 창밖을 기웃거리고, 해변에서 어울려 노는 아이들에게서 시선을 떼지 못하게 된 것이다. 깊은 고뇌 끝에 메두사는 결국 머리칼을 스스로 잘라 이리제를 놓아준다. 이제 그녀의 머리칼은 아이를 가두는 감옥이 아니라, 아이를 넓은 세상으로 밀어 올려주는 부드러운 파도가 된다. 두려움에서 해방되어 평온해진 메두사의 표정과 함께, 이야기는 마무리된다.

메두사와 해파리

　2014년 프랑스에서 처음 발간된 이 책의 앞뒤 면지를 살펴보면, 기다란 촉수를 가지고 자유롭게 유영하고 있는 수많은 해파리들이 등장한다. 면지의 다음장에는 "메두사는, 투명한 몸에 꽃의 심장을 가졌다."는 무민(Moomin) 캐릭터로 유명한 핀란드 작가 토베 얀손(Tove Jansson)의 말이 인용 돼 있다. 주석에 따르면 프랑스어 '메두사(Méduse)'는 그리스 신화속 인물과 '해파리'라는 중의적 의미를 지닌다. 이는 신화적 존재인 메두사와 바닷속 해파리의 이중적 의미를 결합하여 작가가 전하고자 하는 핵심 메시지를 상징적으로 나타낸다.

　그리스 신화 속 메두사는 아름다운 얼굴을 지녔지만 누구라도 눈이 마주치면 돌로 변해버리게 만드는 괴물이다. 메두사의 위협은 그녀가 받은 저주와 분노에서 비롯된다. 원래 아름다운 여성이었던 그녀는 신에게 억울하게 저주를 받아 괴물이 되었다. 한편, 해파리는 투명하고 부드러운 몸체 덕분에 언뜻 아름답고 무해하게 보이지만 그 촉수에는 치명적인 독이 숨겨져 있다. 또한 해파리는 뇌가 없어 이성이 아닌 본능에 의존해 움직인다. 이러한 특성은 인간의 원초적인 감정이나 충동적인 욕망에 비유되기도 한다. 하지만 복잡한 사회적 규칙없이 그저 생존 본능에 충실한 해파리의 모습은 역설적이게도 인간의 가장 순수한 본질을 상징하며, 현대 사회의 가식과 대비되기도 한다. 여러 갈래로 뻗어나가는 해파리의 촉수는 인간관계의 복잡한 연결망을 연상시킨다.

약 5억년전부터 지구상에 존재했다고 알려진 해파리는 생명의 근원을 상징하는 존재로 불리기도 한다. 그런 해파리가 모태, 자궁의 상징이기도 한 원초적이면서도 또 다른 생명의 공간인 바다를 유영한다. 보호와 위험, 아름다움과 유해함의 경계에 서 있는 상징적 존재이다.

투베 얀손이 메두사를 신화속 메두사가 아닌 해파리의 특징인 "투명한 몸에 꽃의 심장을 가졌다."고 묘사한 것은, 우리가 흔히 아는 무서운 괴물인 메두사의 모습과는 전혀 다른, 새로운 관점을 제시한다. 이 표현은 메두사의 외면과 내면을 대조적으로 보여주며, 그녀의 취약성과 연약함을 강조한다.

해파리의 '투명한 몸'은 마치 방어막이 없는 듯한 상태, 즉 취약성과 상처받기 쉬움을 상징한다. 이는 우리가 일반적으로 생각하는, 상대를 돌로 변하게 하는 강력한 힘을 지닌 메두사의 이미지와 대비된다. 이는 얀손이 메두사의 무시무시한 외모 뒤에 숨겨진 나약하고 연약한 존재로서의 본질적 측면을 드러내고자 한 것으로 보인다.

투명한 몸, 꽃의 심장

보름달이 높게 뜬 어느 깊은 밤, 거센 바람이 몰아치는 어두운 숲길을 두 여인이 서둘러 걸어간다. 풍채가 좋은 산파와 화가 잔뜩 난 표정의 조수는 세찬 바람을 뚫고 잰걸음으로 어딘가를 향해 간다. 키티 크라우더의『메두사 엄마』는 이토록 긴박하고도 서늘한 풍경으로 그 서막을 연다.

> 바람이 아주 세차게 부는 밤이었어요.
> 보름달이 유난히도 밝았지요.
> 두 여자가 잰걸음으로 걸어갔어요.
> 키작은 여자가 투덜거렸어요.
> "오늘 밤이 확실해요?"
> "틀림없다니까."
> 통통한 여자가 대답했어요.(『메두사 엄마』)

작품 초반에 묘사된 '세차게 부는 바람'은 단순히 날씨의 변화만을 의미하지 않는다. 어둡고 외딴곳에 사는 메두사의 집을 찾아가는 산파의 당황한 모습, 산파 조수의 차가운 표정과 맞물리면서, 작품 전체를 감싸는 고립과 경계의 분위기를 형성한다. 이 차가운 바람은 메두사가 가지고 있는 세상을 향한 깊은 불신과 불안과도 닮아있다. 이 불신과 불안은 곧 태어날 아이를 자신의 황금빛 머리칼 속에 꽁꽁 숨기는 계기가 된다. 이러한 모성의 복잡한 심리는 작품 초반의 빛과 어둠의 대비를 통해 더욱 깊어진다. 산파들이 메두사를 차아가는 늦은 밤의 짙은 어둠은 메두사가 처한 고립과 폐쇄성을 상징하며, 이후 전개될 숨막히는 집착을 예견한다. 이때 유난히도 밝은 보름달은 이리제의 탄생을 알리는 신호탄이며, 어둠은 메두사의 내면 상태이다.

> "힘을 더 줘요. 거의 다 돼 가요."
> "내 조수를 당장 내려놔요, 메두사!"(『메두사 엄마』)

아이가 태어나는 고통스럽고 긴박한 순간, 메두사는 극심한 산통속에서 자신도 모르게 산파 조수를 머리칼로 휘감아 들어올린다. 이는 메두사의 내면에 깊이 각인된 본능적인 공격성을 보여준다. 신화속에서 타인의 시선만으로도 상대를 돌로 만들었던 그녀의 저주는, 현실의 분만 과정에서 타인을 옥죄는 머리칼의 물리적 위협으로 재현된다. 이 돌발적인 행동에 메두사에게 우호적인 표정을 하고 있던 산파도 크게 화를 낸다. 산파의 분노는 메두사가 세상과 마주할 대 겪게되는 갈등의 형태를 짐작하게 한다. 메두사는 스스로를 보호하고 아이를 지키기 위해 방어적인 태도를 취했을 뿐이지만, 그 방식이 타인에게는 가해나 위협으로 다가가는 것이다. 조수를 감아올인 머리칼은 외부 세계를 향한 메두사의 뿌리 깊은 불신을 상징하며, 이는 결국 주변 인물들과의 정서적, 물리적 거리를 더욱 멀어지게 만든다. 도움을 주려는 손길조차 위협으로 간주하여 공격하는 메두사의 모습은, 이후 그녀가 이리제를 황금빛 머리칼 성벽 안에 가두고 세상으로부터 고립시키는 행위가 단순한 애착을 넘어 '투명한 몸'을 지키기 위한 본능적인 방어이자, '꽃의 심장'처럼 연약한 내면을 보호하려는 절박한 선택임을 잘 보여준다.

> 마침내, 몇 시간의 진통 끝에, 아기가 나왔어요.
> 몸집이 큰 산파가 말했어요.
> "사랑스러운 딸이네요."
> "그러네요."
> 메두사가 기운 없이 대답했어요.
> 메두사의 머리칼이 두 산파의 외투를 집어 주며
> 상냥하게 집에서 내보냈어요. (『메두사 엄마』)

아이가 태어나는 축복의 순간에도 메두사의 경계는 수그러들지 않는다. 생명의 탄생을 도운 조력자조차 거부하는 이

날선 경계는 얼핏 이기적인 폐쇄성처럼 보일지도 모른다. 하지만 이 서늘한 방어막의 이면에는 부서지기 쉬운 연약한 '꽃의 심장'이 있다. 이는 신화속에서 타인에 의해 파괴되고 저주받았던 메두사가 세상에 의해 느끼는 근원적인 불신과 공포의 발현이다. 메두사는 아이가 태어나자 마자 머리칼을 사용해 두 산파를 집 밖으로 내보낸다. 다시 단절이다. 하지만 머리칼로 산파들의 외투를 집어줌으로서 메두사의 삶이 이전처럼 세상을 향해 날이 서 있지는 않을 것임을 보여준다.

겉보기엔 무서운 괴물인 메두사가 사실은 외부로부터 자신을 지키기 위해 상대를 돌로 변하게 하는 능력을 사용하지만, 그 내면에는 고독하고 투명한, 연약한 존재가 숨어있다는 것은 아이러니다. 이 책에서도 아이를 낳기위해 산파들의 도움은 꼭 필요하지만, 끝내 메두사는 머리칼 뒤에 자신의 얼굴을 꽁꽁 숨긴채 보여주지 않는다. 그 머리칼로 산파들의 외투를 집어 주며 그들을 자신의 세상에서 내보낸다. 그런 메두사의 방어적이고 폐쇄적인 모습에 산파 조수의 얼굴은 시종일관 못마땅한 표정으로 화가 난 모습을 보인다. 이는 세상 사람들이 메두사를 보는 시선이고 메두사가 세상과 관계맺는 방식이다.

이렇듯 '꽃의 심장'은 아름다움, 순수함, 그리고 부서지기 쉬움을 나타낸다. 아름답지만 쉽게 시들고 꺾일 수 있는 것처럼, '꽃의 심장'은 메두사의 내면에 존재하는 부드러움과 순수한 감정을 상징함과 동시에 그 아름다움이 외부의 위협에 쉽게 상처받을 수 있다는 것을 의미한다. 겉으로 드러난 무시무시한 힘을 오히려 내면의 부서지기 쉬운 '꽃의 심장'을 보호하려는 강력한 방어기제로 해석하는 이러한 관점은 우리가 흔히 아는 신화 속 메두사에게 인간적인 면모를 부여하는 독창적인 시도이면서 대상의 진짜 본질을 통찰하게 한다.

작가는 질문을 던진다. 우리는 과연 소중한 사람을 지킨다는 명분으로, 사랑이라는 이름으로 어떤 누군가를 숨막히게 옥조이고 있는 것은 아닐까? 내가 가진 불안과 불신이 누군가에게 그대로 투사되고 있는 것은 아닐까? 나는 과연 안전기지를 제공하고 있는지, 아니면 메두사의 머리칼 같은 존재일지에 대해 깊이 생각해 보고 느껴 볼 문제이다.

황금빛 모성

이 작품에서 가장 압도적인 시각적 요소는 황금빛이다. 작가는 노랑과 오렌지 계열의 색조를 적극 활용하여 메두사의 머리칼을 형상화 한다. 황금빛은 요동치는 머리칼의 물결, 그 사이로 번지는 배경 색조의 변화가 시각적으로 강조된다. 또한 황금빛은 외부의 차갑고 낯선 세계와 대비되며 메두사가 구축한 내부 세계의 따뜻함과 보호, 헌신적인 사랑을 시각적으로 구현하는데 성공한다. 반면에 머리칼 속 '황금빛 둥지'는 빛과 대비되는 그림자로 표현되기도 하여, 외부 세계와 대비되어 내부의 안락함 혹은 감금(감싸여 있는 것)의 느낌도 함께 주는 장치이다.

> 그렇게 이리제의 생활이 시작됐어요.
> 엄마인 메두사의 머리칼 속에서요.
> 이리제는 마치 조가비의 안쪽을 덮고 있는 무지개빛
> 영롱한 진주층 같아요.
> '너는 나의 진주야.' 메두사는 생각해요.(『메두사 엄마』)

메두사의 이리제를 향한 이 말은 가장 소중하고 부드러운 것을 지키기 위해, 자신은 가장 딱딱한 껍데기를 뒤집어 쓸 것이라는 상처입은 모성의 민낯을 보여준다. 이는 상처에 취약한 사람이 아예 처음부터 상처받지 않으려고 높고, 단단한 성벽을 쌓는 것과 같다. 이 찬란하고도 위태로운 '황금빛 모성'은 내면이 취약할수록 외부로부터 자신을 보호한다는 의식적, 무의식적 명분으로 방어기제를 더욱 공고히 한다. '투명한 몸'은 세상과 소통하지 못하고 고립된 인간의 모습을 상징한다. 이는 타인의 시선이 두려워 스스로를 숨기려는 노력이기도 하지만, 한편으로는 누구에게도 발견되지 못할만큼 존재감이 작아진 상태를 의미하기도 한다. 이러한 투명함은 방어의 수단이면서 동시에 외부와 단절된 메두사의 상태이다.

> "내 딸 이리제예요."
> 사람들이 모두 모였어요.
> "우와!" "이리제래!" "사랑스럽기도 하지!" 하며 모두
> 들 감탄했지요.(『메두사 엄마』)

이리제가 자라나자 메두사는 아이를 데리고 사람들 사이에 섞여들기 시작한다. 아이의 아름다움을 세상에 자랑하고 싶은 본능적인 욕구가 그녀에게 용기를 준 것이다. 사람들은 아낌없는 감탄을 쏟아낸다. 흥미로운 점은 메두사를 대하는 사람들의 태도다. 마을 사람들은 메두사를 괴물로 취급하며 박해하기는커녕, 그녀의 딸 이리제를 보며 진심어린 감탄을 쏟아낸다. 사람들의 반응에는 적대감이나 공포가 섞여 있지 않다. 오히려 메두사가 세상 안으로 기꺼이 발을 들이며 소통할 준비가 되어 있지 않은 것처럼 보인다. 결국 메두사를 가두고 있는 것은 세상의 칼날이 아니라, 그녀 스스로 세운 심리적 성벽임을 보여준다.

아이를 받았던 산파 마들렌이 아기를 향해 팔을 뻗
었어요.

"안돼요. 당신은 이리제를 안을 수 없어요. 애는 내
아이예요."(『메두사 엄마』)

산파 마들렌이 아이를 향해 팔을 뻗는 행위는 아이가 세상
과 맺으려는 첫 번째 '사회적 접촉'을 의미한다. 하지만 메두
사는 이를 단칼에 거부하며 '애는 내 아이'라고 강조한다. 이
리제를 독립된 생명이 아닌, 자기 자신의 일부, 혹은 소유물로
간주하는 폐쇄적 모성의 발현이다. 아이를 빛나게 하려는 '황
금빛 모성'이 그녀를 세상밖으로 끌어냈지만, 역설적으로 그
찬란한 모성의 그늘 아래 메두사는 여전히 고립되어 있다. 하
지만 이 지점에서 이 작품은 그리스 신화와 결정적으로 차별
된다. 과거 신화 속 메두사는 타인의 가해와 시선에 의해 괴물
이 되어 파멸했다면, 그림책 속 메두사를 가두고 있는 것은 외
부의 칼날이 아니라 그녀 스스로 세운 심리적 성벽이다. 이야
기 속의 메두사 엄마는 사람들에게서 입었던 상처가 너무나
깊은 나머지, 타인의 순수한 호의조차 위협이나 함정으로 왜
곡하며 받아들인다. 현재의 사람들은 손을 내밀고 있지만, 메
두사는 여전히 과거의 저주 속에 살며 현실의 친절을 믿지 못
한다. 세상은 변했지만 메두사의 마음은 아직 신화의 비극속

에 머물고 있다.

　　　이리제는
　　　머리칼 둥지에서 낮잠을 자고,

　　　머리칼이 떠 주는 음식을
　　　받아먹고,(『메두사 엄마』)

　아이는 머리칼을 둥지처럼 말아놓은 가운데서 잠을 자고, 머리칼이 떠먹여 주는 음식을 받아먹으며 오직 엄마라는 세계 안에서만 숨을 쉰다. 이 장면은 메두사의 모성이 가진 치명적인 양가성을 극명하게 드러낸다. 메두사에게 자신의 황금빛 머리칼은 세상의 위협으로부터 아이를 지켜내는 유일하고도 완벽한 둥지이다. 둥지는 보호와 안락한 안식처로서 기능한다. 그러나 이 안락함은 동시에 '개별성의 상실'이라는 대가를 요구한다. 칼 융은 인간이 자기만의 고유한 존재로 거듭나는 과정을 '개별화'라고 불렀다. '개별화 과정'은 타인이나 부모의 기대에서 벗어나 '진정한 나'를 찾아가는 여정이다. 하지만 아이가 스스로 손을 쓰는 대신 머리칼이 떠먹여 주는 음식을 받아먹는 행위는, 아이를 독립적인 인격체가 아닌 '부모의 분신(연장선)'으로 여기는 과잉보호이다. 이 따뜻한 둥지는 아이가 세상과 마주하며 스스로를 발견해 나가는 개별화의 과정을 가로막는 장애물이 되고 만다. 결국 메두사의 황금빛 머리칼은 자신과 아이를 지키는 방패인 동시에, 아이를 세상으로부터 격리하는 찬란한 감옥이 된다.

길고 긴 촉수 혹은 뱀

작가의 독특한 관점으로 이 책 속의 메두사는 기존 신화 속에서 사람들을 돌로 만들던 무시무시한 존재가 아닌, 따뜻한 모성애를 지닌 존재로 재탄생된다. 처음 이리제가 세상 속으로 나오는 과정에서 산파들은 메두사 엄마에게 스스로의 머리칼을 잡고 있기를 요구했다.

> "우리가 하는 대로 따르면 돼요. 메두사."
> "……"
> 메두사는 가쁘게 숨을 쉬었어요.
> 작은 여자가 말했어요.
> "우선 당신의 머리칼을 좀 잡고 있어요!"
> 바야흐로 새 생명이 태어나는 엄청난 일이 시작됐어요.
>
> (『메두사 엄마』)

산파가 메두사에게 자신들이 하는 대로 따르라 하고, 메두사의 머리칼을 메두사가 직접 잡고 있으라고 요구하는 장면은 깊은 의미를 담고 있다. 진정한 엄마가 되길 원한다면 메두사 스스로 자신의 불안과 두려움을 통제하고 다스리라는 사회적인 요구인 셈이다. 잠깐이지만 이렇게 자신의 고통을 정면으로 마주하며, 세상을 향한 방어벽인 머리칼을 스스로 움켜쥐었던 엄마 메두사의 경험은 훗날 머리칼을 자르는 힘의 초석이 된다. 날카롭게 곤두섰던 머리칼이 아이를 위한 부드러운 황금빛 요람이 될 수 있었던 것도, 출산의 순간 자신의 마음을 스스로 붙들었던 그 짧고도 강렬한 인내의 시간 덕분일 것이다. 길고긴 촉수, 혹은 뱀이 아니라 품어주고 다정한 엄마의 팔이 되는 진화 과정이다.

메두사 엄마의 머리에 있는 마치 신화 속 뱀같은 머리칼은 그녀의 불안하고 복잡한 내면을 시각적으로 잘 보여준다. 머리칼은 그녀가 스트레스를 받거나 두려움을 느낄 때마다 움직이며, 마치 그녀의 감정을 직접적으로 표현하는 듯하다. 결국 이 머리칼은 그녀의 의지와 상관없이 마치 다른 사람들을 돌로 만들어버리는(배척하는) 것 같은, 즉 자신의 통제 범위를 벗어난 과거 상처입은 마음의 반향을 상징한다. 그런 메두사의 머리칼을 산파들의 요구에 의해 스스로 잡고 있게 된다는 것은 메두사가 엄마가 되는 과정에서 정당한 사회적 요청의 수용과 자기통제를 시작했다는 중요한 신호이다. 황금빛 모성의 시작인 것이다.

하지만 세상의 호의나 아이를 직접 받아준 산파의 손길조차 위협으로 간주하는 메두사의 날카로운 반응은 그녀의 황금빛 머리칼이 가진 이중성을 다시 한번 확인시킨다. 아이에게는 온기를 나누는 따뜻한 요람이지만, 타인에게는 결코 허용되지 않는 완고한 경계선인 셈이다. 이러한 메두사의 결벽에 가까운 방어 기제는 결국 그녀 스스로를 가둔 심리적 감옥이 된다. 외부의 적대감이 사라진 자리에서도 메두사는 여전히 보이지 않는 창살을 세운 체, 안전이라는 명목하에 자신과 아이를 고립의 세계로 밀어 넣는다. 무서운 뱀이고 날카로운 촉수이다.

신화 속 메두사의 머리칼인 뱀은 위협과 공포인 동시에 자기 방어의 수단이었다. 이 책에서도 메두사 엄마의 길고 헝크러진 머리칼은 단순한 신체의 일부가 아니다. 그것은 살아 움직이는 존재처럼 딸을 감싸고 보호하는 숨막히는 '울타리' 로 묘사된다. 또한 외부세계로부터 자신과 분신같은 딸을 원시적으로 보호하고, 과거 자신에게 상처를 주었던 세상과 단절시키는 '둥지'의 역할도 한다. 이 머리칼은 엄마가 자식에게 제공하는 안정감, 애정, 보호의 상징이다. 하지만 동시에 아이를 엄마품에 가두고 숨기려는 구속의 상징으로도 작동한다. 보호하고 감싸주고 싶은 마음과 아이의 욕구를 억압하고 소유하려는 마음이 머리칼이라는 상징 속에 뒤섞여 있다. 이처럼 순수한 모성과 집착 사이의 모호한 경계를 적나라하게 드러내는 정교한 장치가 바로 메두사의 머리칼인 셈이다.

이리제가 자라남에 따라 메두사 엄마는 이리제에게 머리칼을 벗어나 세상과 교류하고 싶다는 요구를 지속적으로 받게되며 갈등 하게 된다.

> "나 학교에 가고 싶어요."
> "절대로 안돼."
> "왜 안 돼요?"
> "엄마가 널 가르칠 수 있단다!"
> "그럴 수도 있겠죠. 하지만 나는
> 다른 아이들과 함께 어울리고 싶어요."(『메두사 엄마』)

이러한 과정을 지나면서 메두사 엄마는 이리제가 학교에 가는 것을 허락했지만 이리제는 남들과 다른 모습을 한 메두사 엄마가 학교에 오는 것을 거부했다. 그러면서 이리제는 두건을 쓰고 혼자 학교에 갔다.

> "아니, 엄마는 따라오지 말아요.

엄마를 보면 아이들이 모두 무서워해요."(『메두사 엄마』)

결국 메두사는 길고 요동치는 머리칼을 자르고 학교에 나타난다. 메두사가 머리를 자르고 학교에 나타남으로써 세상으로부터 고립된 존재로 등장했던 메두사의 개별화된 자아가 세상과 연결되는 과정을 보여준다. 이는 결국 공동체의 일원이 되는 것이 진정한 치유의 조건임을 제시하는 것이다. 엄마의 머리칼이 짧아지자 이리제의 두건이 처음으로 벗겨지고 있는 그대로의 자연스러운 본모습이 세상에 드러난다.

이 책은 짧고 가벼운 머리를 한 메두사가 머리칼이 아닌 자신의 손으로 처음으로 이리제를 안고 밝게 웃으며 끝이 난다. 이는 엄마 스스로 자신의 긴 머리칼을 자르는 지난하고도 고통스러운 고민과 결단을 통해 진정한 사랑이란 그저 아이를 품에 안는 본능을 넘어서야 한다는 것을 보여준다. 사랑하는 아이를 세상 속으로 기꺼이 밀어내는 불안하고 고통스러운 과정을 견뎌내는 것이야 말로 성숙한 사랑, 황금빛 모정임을 시사한다. 이는 비단 메두사 엄마 혼자만의 고통이며 메두사 엄마만 개별적으로 겪어내야 하는 특수한 상황은 아닐 것이다. 사랑과 집착 사이의 아슬아슬한 경계는 아마 우리 대부분이 처한 보편적인 풍경일 것이며, 그 둘을 분별해내고 지혜롭게 극복하는 일 또한 우리 모두에게 남겨진 평생의 숙제일 것이다.

아이를 향한 모성이자 동시에 집착적인 과보호의 굴레인 머리칼을 스스로 잘라낸 메두사의 모습에는 진정한 모정, 진정한 양육이란 성장해 가는 아이를 놓아줌이라는 깨달음을 얻고, 그것을 실천한 홀가분함과 평온함이 보인다.

무지개 아이

프랑스어 이리제(Irisée)는 '무지갯빛의'이라는 뜻이다. 메두사의 딸인 이리제는 그 이름처럼 중의적인 의미를 지닌다. 그녀는 엄마의 두려움과 불안을 온몸으로 받아낸 피해자인 동시에, 엄마가 자신의 문제점을 직면하도록 만들고 결국은 성숙한 사랑으로 나아가게 만드는 결정적인 존재이다. 칼 융의 분석심리학에 따르면 무지개는 의식과 무의식, 하늘과 땅, 인간과 신을 연결하는 가교의 상징이다. 이러한 관점에서 무지개인 이리제는 엄마가 폐쇄적인 에고(ego)의 벽을 넘어 온전한 자기(Self)를 찾아가도록 만드는 중요한 촉매제가 된다. 또한 무지개는 서로 다른 색들이 모여 하나의 조화로운 형태를 이루듯, 메두사 내면에 소용돌이치던 대립적인 감정들이 비로소 균형을 잡도록 이끌어 준다. 비온 뒤에 떠오르는 무지개의 특성처럼, 이리제는 메두사의 고통스러웠던 과거 뒤에 찾아온 희망과 평화의 메시지이기도 하다. 메두사가 태어난 딸의 이름을 이리제라고 지은 것 자체가 이미 그녀의 무의식 속에 치유와 화해를 향한 열망이 자리 잡고 있었음을 시사한다. 결국 이 책은 아이와 엄마가 서로의 민낯을 드러내며 마주하는 솔직하면서도 치열한 과정을 통해 서로가 서로를 변화시키고 성장시키는 숭고한 성장의 서사이다.

이 책에서 강조된 황금색은 연금술적인 구조로 짜여져 책의 분위기를 처음부터 끝까지 관통하고 있다. 메두사의 머리칼은 진한 황금색이다. 이리제는 그 황금색 머리칼에 온통 둘러싸여 자라난다. 연금술에서 금이 가지는 의미는 완성, 통합, 정화된 자기, 생명 에너지, 영적인 성숙 등이다. 작가가 강조한 황금색은 결국 메두사 엄마의 치유이며 칼 융이 말한 자기실현(Self realization) 과정의 은유이다. 이 작품에서의 황금빛은 금의 은유이며 가장 귀하지만 동시에 부드럽고 치료적인 돌봄의 힘, 성숙한 모정을 상징한다. 그리고 결국에는 메두사 엄마와 이리제가 도달한 성숙한 사랑이며 함께하는 기쁨이다. 이러한 너무나도 보편적이지만 모순되게 이중적인 속성은 아마도 인간의 조건일 것이다. 이 커다란 모순을 지혜롭게 통합하는 것이야 말로 우리 삶의 가장 큰 과제일 지도 모른다. 이는 칼 융이 말한 내 안의 밝은 면과 어두운 면을 모두 인정하고 합친 '온전한(Wholeness) 인간', '통합된 인간'과 많은 의미에서 일맥상통한다. '내 안의 모든 모순되는 것들을 한 울타리에 모아놓은 것'처럼 메두사 엄마는 머리칼을 잘랐다. 우리는 과연 무엇을 자르고 무엇을 모을 것인가에 대해 깊이 생각해 볼 문제이다.

키티 크라우더는 '공포와 고립의 모성', '집착적인 엄마'로서의 메두사의 복잡한 모습을 아이들의 눈높이에 맞춘 그림책으로 세심하게 그려냈다. 이를 통해 모성이 가진 원초적이고 보편적인 이중성, 즉 다정한 보호자인 동시에 두려움 혹은 고립의 원천이 될 수 있음을 보여주었다. 메두사의 머리칼이 아름답지만 위협적인 것처럼, 엄마의 보호 본능은 딸을 안전하게 지키는 울타리인 동시에 외부 세계로부터 아이를 숨겨두려는 과잉 보호의 메타포가 되기도 한다. 그런 메두사 엄마가 자신의 머리칼을 스스로 잘라내어 자신의 있는 그대로의 모습을 수용하고, 아이와의 관계를 회복하는 과정은 '자신의 연약함과 부족함을 인정하는 것이 진정한 치유의 시작'임을 보여준다. 마음속의 폭풍우가 끝나고 비로소 자신만의 눈부신 무지개를 만나는 순간이다.

메두사는 세상을 향한 날선 방어기제를 포기하고 자신의 존재 자체로 세상과 교류하기 시작한다. 아마도 엄청난 불안을 넘어서는 용기가 필요했을 것이다. 그러한 고통은 결국 원시적인 모성을 성숙한 사랑으로 변화시켰다. 무지개가 뜬 것이다.

그림책 속의 머리칼로 표현되는 해파리의 촉수 또한 얽매는 모성을 상징한다. 해파리의 촉수가 펴져 나가는 모습은 엄마 메두사의 머리칼이 딸을 품고 보호하려고 하는 범위가 광범위하고 복합적임을 보여준다. 그 촉수는 딸을 따뜻히 감싸며, 마비시킨다. 이 마비된 침묵을 깨고 생동하는 빛으로 다가오는 존재가 바로 '무지개 아이' 이리제이다. 메두사와 해파리는 둘 다 과잉된 모성의 위험성과 사랑의 양면성을 동시에 보여주며, 책을 읽는 이로 하여금 엄마의 내적 갈등을 더 입체적으로 느끼게 한다. 작가는 이 중의적 장치를 통해, 마비시키는 촉수의 그늘 속에서도 스스로 빛을 내며 엄마를 세상 밖으로 이끄는 무지개 아이의 생명력을 극적으로 대비시킨다.

이 이야기는 잘려진 머리칼들이 멀리 떠나가는 것을 보여주며 아래와 같은 작가의 말로 마무리가 된다.

> 그런데 메두사의 머리칼은
> 어떻게 됐을까요?
> 잘린 머리카락들은 예쁜 바다뱀이 되어,
> 따뜻한 해류를 타고
> 북쪽 바다를 찾아갔답니다.
> — 작가가(『메두사 엄마』)

우리는 우리의 치유되지 않은 상처로, 또는 다시는 상처받지 않겠다는 나름의 굳은 결심으로 의식하지도 못한재로 아름답지만 위험한 그 바다뱀들을 받아들여 함께 하고 있는지도 모르겠다. 우리 일상에서 메두사 엄마처럼 우리가 어떤 방식으로 과거의 상처에 고착되어 스스로를 고립시키고 있는지를, 무언가를 사랑이라는 이름으로 집착하며 잡고 있는지를 돌아볼 일이다. 그 집착의 머리칼을 걷어낼 때 비로소 우리는 내면의 폭풍우를 끝내고, 우리를 다시 세상과 연결해 줄 눈부신 '무지개 아이'를 마주할 수 있기 때문이다.

키티 크라우더는 여성에서 괴물로 변한 그리스 신화 속 메두사 이야기를 모티프로 삼았지만, 투베 얀손의 통찰처럼 메두사를 괴물이 아닌 '상처 입은 존재'로 바라본다. 작가는 이 신화적 원형(Archetype)을 또 다른 시선으로 포착하여, 그 이면에 숨겨진 아픔을 따뜻하고 깊이 있게 그려내고 있다. 작가는 메두사 엄마의 깊고 오래된 고통을 이해한다. 그 고통 때문에 자신도 어쩔 수 없이 사랑하는 사람을 상처 입히게 되는 존재가 되어버린 메두사를 품어 안는다. 날 선 뱀이자 마비시키는 촉수였던 그녀의 머리칼은, 역설적으로 아이를 온전하게 지켜내려 했던 찬란한 '황금빛 모성'의 다른 이름이기도 했다. 이제 메두사는 스스로 무거운 머리칼을 잘라냄으로써 과거의 저주와 작별한다. 비 온 뒤 맑게 갠 하늘에 떠오른 '무지개 아이' 이리제처럼, 그녀 역시 고립의 성벽을 허물고 마침내 타인과 연결되는 눈부신 해방을 맞이한 것이다.

이 작품은 우리에게 말해준다. 사랑이라는 이름의 집착을 내려놓는 순간, 비로소 부모와 아이 모두 각자의 빛깔로 빛나는 진정한 삶의 무지개를 만날 수 있다는 것을.

참고문헌

키티 크라우더, 김영미 옮김. 2025. *메두사 엄마*. 논장.
토마스 불핀치. 박중서 옮김. 2022. *신화의 시대-불핀치의 그리스 로마 신화*. 열린책들.
칼 구스타프 융, 이부영 옮김. 2013. *인간과 상징*. 집문당.
칼 구스타프 융, 이부영 옮김. 2023. *분석심리학*. 일조각.
이부영. 2021. *자기와 자기실현*. 한길사.
오비디우스, 천병희 옮김. 2017. *변신이야기*. 도서출판 숲.
마틴 솔즈베리, 서남희 옮김. 2023. *그림책의 모든 것*. 시공아트.

제6장
노년, 행운을 알아채는 시간
그림책 『이름 짓기 좋아하는 할머니』,
신시아 라일런트 글, 캐드린 브라운 그림

김미순

할머니가 오히려 강아지보다 오래 살 것만 같았어요. 할머니는 친구들보다 더 오래 살아서 혼자 남겨진다는 게 두렵고 싫었거든요.

-그림책 『이름 짓기 좋아하는 할머니』 중에서

"젊은이의 봄은 기쁨으로 차 있는 홑겹의 봄이지만 늙은이의 봄은 기쁨과 슬픔을 아울러 지닌 겹겹의 봄이다." 『방망이 깎던 노인』의 수필가 윤오영은 노인이 된 자신이 맞이하는 봄을 이렇게 표현했다. "늙어서 봄을 맞으며 봄을 앞으로 많이 못 볼까 슬퍼할 필요는 없다. 그동안 많이 가져본 봄이 또 하나 느는 것을 대견하게 생각할 일이다." 글에서 죽음의 두려움보다 현재의 봄을 누리는 노작가의 여유로움이 느껴진다. 윤오영은 "인류 역사 억만 년의 봄이 다 내 몸에 간직된 봄이요"라며 노년의 몸에 간직된 억만 년의 봄을 되새기며 겹겹의 봄을 회상한다.

하지만 우리 사회가 마주하는 노년의 봄들은 겹겹의 아우름이 가득한 봄일까? 사랑하는 이들을 죽음으로 떠나보내고 이별의 슬픔은 치유하지 못한 채, 사람들로부터 소외된 노년의 몸에 쓸쓸한 봄만 겹겹이 쌓여있다. 우리는 어르신이라고 애써 높여 부르지만, 노인을 고령화된 집단으로 개념화하며 사회적 문제로 인식한다. 노년의 삶이 갈망하는 사회적 공존과 내면의 고요함은 존중하지 않고, 보살핌과 돌봄의 대상으로만 인식할 뿐이다. 노인들은 노년의 삶을 존중받지 못한 채 외롭고 소외된 삶으로 관계가 단절되어간다. 고령화된 집단에는 노년의 개인 이야기는 없다. 겹겹의 아우름 가득한 이야기도 없다.

「이름 짓기 좋아하는 할머니」 줄거리

　　이름 짓기 좋아하는 할머니가 있었다. 사랑하던 사람들을 떠나보낸 할머니는 이제는 슬픔과 외로움을 겪고 싶지 않았다. 그래서 자신보다 더 오래 살 수 있는 물건들에만 이름을 지어주었다. 어느 날 울타리 출입문 가에서 꼬리를 흔드는 갈색 강아지를 만나게 되었다. 할머니는 배가 고파 보이는 강아지에게 햄 한 덩어리를 마지못해 건넨 후 강아지를 돌려 보냈다. 먹이를 얻어먹은 강아지는 매일 할머니를 찾아왔다. 할머니가 잠자리에 들 때면 귀엽고 예쁜 강아지가 떠올랐지만, 집에 들이지 않을 수많은 핑곗거리를 생각해 내기도 했다. 몇 달 동안 매일 찾아온 강아지는 훌쩍 자라 갈색 개가 되었고, 정원과 울타리에는 꽃이 만발했다. 그러던 어느 날, 갈색 개가 찾아오지 않자 할머니는 베치(자동차)를 몰고 갈색 개를 찾아 온 동네를 한 바퀴 돌게 되었다. 그다음 날에도 갈색 개가 오지 않자, 사육장에 전화를 걸지만 이름이 없으므로 찾을 수 없다는 대답을 듣게 되었다. 할머니는 갈색 개를 찾기 위해 사육장을 찾았다. 사육장에서 찾은 갈색 개에게 '러키'라는 이름을 지어주고 집으로 데리고 왔다. 이야기는 할머니와 러키가 함께 눕고도 남을 만큼 넓고도 넉넉한 로잰느(침대) 위에 함께 있는 모습으로 마무리되었다.

집, 상실과 소외를 견디다

주인공 할머니는 오래 산 까닭에 사랑하던 사람들을 먼저 떠나보내고, 홀로 살고 있다. 상실감과 외로움 때문에 새로운 만남을 무척 두려워한다. 외로운 노인이 되기 싫었던 할머니는 다정하게 이름을 부를 친구로 '자신보다 오래 살 것들에만 이름을 짓기'로 마음먹는다.

> 할머니는 친구가 하나도 없는 외로운 노인이 되는 게 싫었어요. 다정하게 이름을 부를 친구가 없다는 것도 싫었고요. 그래서 할머니는 이름 짓기 시작한 거랍니다. 하지만 할머니는 자기보다 더 오래 살 수 있는 것들에게만 이름을 지어주었어요.(『이름짓기 좋아하는 할머니』)

할머니는 자신보다 먼저 세상을 떠날 일이 없는 낡은 자가용에는 베치라는 이름을, 의자에는 프레드, 오래된 침대에는 로잰느, 오래오래 살아온 집에는 프랭클린이라는 이름을 지어주었다. 백 년이 넘은 할머니의 집은 지난 이십 년 동안 하루 같이 변함이 없는 공간이다. 할머니는 그들보다 더 오래 살 걱정을 할 필요가 없었기 때문에 '무척 행복'하다고 했다.

물리적으로 가깝게 있는 사물들에 이름을 지어주지만, 그

것들과의 정서적 소통은 존재하지 않는다. 정서적 소통 없이 안간힘을 쓰며 살아내는 할머니의 일상에는 '무척 행복함'이 있을 리 없다. 이름 짓기의 대상인 물건들은 할머니에게 의미를 부여할 수 없고, 할머니의 존재를 확인해 줄 수 없는 사물에 불과하다. 사물과만 관계 맺기를 시도하는 할머니의 이름 짓기는 정서적 소통이 없는 일방적 자기 투사이자 외로운 독백이다.

이름을 짓고 부르는 것은 어떤 개인이나 사물에 관계성을 부여하여 자신의 관계망 속으로 끌어들이는 일이다. 또한, 생물학적인 인간을 넘어 사회적 인간으로서 주체성을 입증하고 상호 관계를 증명하는 것이다. 호명은 자신의 관계망 안에서의 공존을 전제로 대상에게 정체성을 부여하고, 자신의 관계망 속에 끌어들이는 행위이다. 할머니의 이름 짓기는 자신의 관계망 안으로 사물을 끌어들여 공존하려는 의지처럼 보인다.

관계는 상호 간의 호의와 인정, 의존과 수용, 그리고 보살핌을 주고받는 행위이며, 타자를 상호의존적이고 자신과 소통을 하는 존재로 인식하는 것이다. 승효상은 『보이지 않는 건축 움직이는 도시』에서 "이름을 갖는 것은 그로 인한 세계를 갖는 것이며 그 이름이 존재하거나 기억되는 한 그 세계는 불멸이라는 것, 그래서 이름은 존재의 가장 중요한 방식이다. 그래서 그러한가, 집이나 이름이나 같이 '짓다'라는 단어를 쓴다."라고 표현했다. 이름은 그로 인해 세계를 지어가는 방식이자 관계 맺음의 토대이기 때문이다.

　자신보다 더 오래 살지 못할 것들과의 관계 맺기를 회피하는 할머니는 외부세계와 단절된 삶을 살아간다. 할머니는 나이가 들수록 변화하는 외부 환경을 회피하며 자신의 고정 관념을 유지하려는 노년의 전형적인 모습을 보여준다. 관계가 단절된 채 사물에만 이름을 지으며 홀로 살아가는 할머니의 집은 상실과 소외를 견뎌내는 외로움의 공간이다.

정원, 우연을 마주하다

　어느 날, 낡은 울타리 문 앞으로 배고픈 갈색 강아지 한 마리가 꼬리를 흔들며 다가왔다. 할머니는 마지못해 햄 한 덩어리를 건네준 다음, 어서 집으로 돌아가라고 말했다. 그리고 떠돌이 강아지를 울타리 안으로 들이지 않을 수만 가지 핑곗거리를 생각해 냈다. 다음 날 다시 찾아온 떠돌이 강아지에게 먹이를 주며 어서 집으로 돌아가라고 했다. 매일 찾아오는 강아지가 떠돌이인 것을 알지만 애써 외면하며 울타리 안으로 들이지 않았다. 강아지는 프랭클린이나 프레드, 베치나 로잰느처럼 오래 살지 못할 게 분명했고, 할머니가 강아지보다 더 오래 살아 혼자 남겨질 게 두렵고 싫었다. 하지만 먹이를 내밀 때 할머니의 표정은 미소를 머금었고, 거실 프레드(의자)에 앉아 떠돌이 강아지를 기다리기도 했다.

김춘수는 시 〈꽃〉에서 이름을 불러주었을 때 비로소 "나에 게로 와서 꽃이" 되어 의미 있는 존재가 된다고 했다. 강아지 를 머물게 하려면 이름을 불러주어야 한다. 부르기 위해 이름 을 짓는 것은 존재 의미의 부여이자 관계의 시작을 의미한다. 그래서 할머니는 자꾸 찾아오는 강아지에게 이름을 지어주지 않는다.

할머니는 자신에게 찾아온 우연을 애써 외면한다. 세상에 새로운 일은 우연히 찾아온다. 뜻하지 않은 우연은 불안과 위 험의 씨앗이기도 하지만 '기회'와 '행운'을 의미이기도 한다. 삶의 틈새에 불현듯 나타난 우연을 할머니는 받아들일 용기 가 없다. 우연히 다가온 떠돌이 강아지에게 의미를 부여하고 삶의 테두리 안으로 수용하는 것보다 혼자 남겨질 두려움이 더 크다. 하지만 매일 반복되는 우연은 운명이다. 날마다 강 아지는 할머니네 집 문 앞으로 찾아왔고, 그렇게 몇 달이 지나 며 강아지는 무럭무럭 자랐다.

백 년이 넘도록 그 자리에 우뚝 서 있는 할머니의 집과 달 리 출입문은 '돌쩌귀에 녹이 잔뜩 슨' 상태이고, 울타리는 얼 기설기 성긴 모습이다. '녹이 잔뜩 슨' 상태의 출입문은 자신보다 오래 가지 못할 게 뻔해 이름을 지어주지 않았다. 녹이 슨 출입문은 상실감으로 인해 고립을 선택한 할머니의 심리적 상태이며, 돌쩌귀의 녹은 켜켜이 쌓여 치유되지 않은 할머니 상실의 슬픔, 불안, 우울, 좌절, 실망감을 상징한다. 문은 녹이 슬었지만, 그래도 항상 반쯤 열려있는 상태이다. 문은 바깥을 향한 할머니의 시선과 함께 울타리 밖의 외부세계를 향해 열려있는 마음을 암시한다. 성긴 울타리는 오랜 관계 단절과 외로움 때문에 견고했던 내적 세계가 경계 너머 외부세계로 가고자 하는 의지의 상징한다. 이 사이에서 할머니는 매일같이 찾아오는 떠돌이 강아지에게 먹이를 내민다.

> 새로 산 외바퀴 손수레에 '프랜신'이라는 이름을, 정원 한 귀퉁이에 새로 들여놓은 돼지 조각상에 '버드'라는 이름을 지어주었지요. 하지만 할머니는 날마다 정성껏 먹이를 주면서도 오직 개에게만은 이름을 지어주지 않았습니다.
> 개의 이름이 아직 없었기 때문에, 할머니는 그 개보다 오래 살아야 한다는 것을 걱정할 필요가 없었어요. 그래서 참 다행이라고 생각했지요.(『이름짓기 좋아하는 할머니』)

마지못해 내민 햄 한 덩어리의 인연으로 매일 찾아오던 떠돌이 강아지는 훌쩍 자라 갈색 개가 되었다. 강아지와 관계가 시작되면서 할머니의 메말랐던 정원에는 색깔 가득 꽃들이 피어났고, 낡은 울타리는 꽃들로 휘감겨있었다. 정원을 가꾸기 위해 새로 산 손수레와 돼지 조각상에는 프랜신과 버드라는 이름을 지어줬다. 하지만 갈색 개에게는 이름을 지어주지 않고 여전히 출입문 밖에서 정성껏 먹이를 줬다. 개의 이름이 없으므로 할머니는 그 개보다 오래 살아야 한다는 걱정을 할 필요가 없었고, 그래서 참 다행이라고 생각했다.

정원은 할머니가 일상을 보내는 곳이다. 전우익은 에세이 『혼자만 잘 살믄 무슨 재민겨』에서 일상은 비록 특별한 사명감이나 자신에게 부여된 소명이 없더라도 한 자리를 지키고 버티는 힘에서 비롯된다고 했다. 거기에는 그 무엇(일)엔가에 그 누구(사람)인가에 정성을 쏟는 일로 점철된 일상의 삶이 있다. 지키고 버티는 힘에서 비롯된 일상의 정원 돌봄은 할머니에게 생명의 충만감을 안겨준다. 가족을 돌보던 일상이 이어져 이제 정원을 돌보고 정성을 쏟는 일로 삶을 살아간다. 특별한 소명이나 사명감 때문은 아니지만, 할머니에게 꽃과 정원을 가꾸는 일은 생명이 주는 충만감에 대한 열망이자 관계 맺음에 대한 욕구의 표현이다. 정원은 할머니 마음의 변화를 보여주는 상징적 장소이다.

브라이언 라이스의 그림책 『망가진 정원』에서, 함께 살던 멍멍이가 묻힌 정원은 여우 에번의 상실과 슬픔이 투영된 삭

막한 장소이다. 우연히 울타리 밑으로 기어들어 온 호박 넝쿨을 돌보며 정원은 치유와 회복의 심리적 변화를 일으키는 공간이 된다. 그리고 생명의 충만감 가득한 호박 열매는 상실을 벗어나 새로운 관계를 향해 나아가게 하는 원동력으로 작용한다. 『이름짓기 좋아하는 할머니』에서도 떠돌이 강아지에게 먹이를 주는 동안 꽃이 만발하는 정원의 모습은 『망가진 정원』의 정원처럼 변화하는 할머니의 내면을 드러내는 공간으로 볼 수 있다. 꽃은 돌봄을 통해 주어진 장소와 때에 맞춰 열매를 맺으며 생명의 충만함을 보여준다. 강아지를 만나며 삭막했던 마음은 꽃이 피어난 정원처럼 풍요로워지고, 새로운 관계 맺음에 대해 심리적 변화가 일어난다.

떠돌이 강아지는 교감을 전제로 한 능동적 관계 맺음을 요구하는 외부 세계의 존재로, 보살핌의 대상이자 할머니로부터 측은지심을 불러일으키는 대상이다. 떠돌이 강아지를 외면하지 못하고 보살피는 일은 정원 가득 꽃을 피워내는 할머니의 일상의 삶과 맞닿아있다. 매일 찾아오는 떠돌이 강아지에게 먹이를 주는 동안 정원의 꽃은 울타리를 휘감고, 할머니의 마음은 울타리를 넘나드는 정원의 꽃처럼 내면 세계와 외부 세계의 경계를 넘나들게 된다. 할머니는 여전히 떠돌이 개에게 이름을 지어주지 않으며 개보다 오래 살 걱정을 할 필요가 없어서 '참 다행'이라고 마음속 갈등을 애써 외면한다.

사육장, 행운을 알아채다

어느 날, 갈색 개가 찾아오지 않자 할머니는 비 내리는 동네를 한 바퀴 돌게 된다. 할머니의 공간은 꽃이 만발한 정원에서 비 내리는 동네로 공간이 확장되어 간다. 그다음 날에도 찾아오지 않자, 할머니는 떠돌이 개를 찾아 나선다. 개들을 보호하는 사육장에서 갈색 개를 발견하고, '러키'라는 이름을 지어준다.

> 다음 날에도 개는 찾아오지 않았어요. 할머니는 베치를 몰고 개를 찾아 온 동네를 한 바퀴 돌았지만, 그 개는 좀처럼 눈에 띄지 않았어요.
> 할머니는 점점 더 슬퍼지기 시작했습니다.
>
> 그 다음 날에도 개가 찾아오지 않자, 할머니는 무슨 수라도 써야겠다고 마음먹었어요.(『이름짓기 좋아하는 할머니』)

오지 않는 갈색 개를 기다리는 할머니의 마음은 허전하고 쓸쓸하다가 점점 더 슬퍼지기 시작한다. 이때 내리는 비는 할머니의 우울함을 보여준다. 할머니는 갈색 개가 나타나지 않자, 자신이 갈색 개를 그리워한다는 사실을 깨닫게 된다. 그 순간, 관계 맺기를 거부하던 태도에서 갈색 개를 찾아 나서는 태도로 변화하게 된다. 관계에 대한 욕구는 그 대상이 갑자기 사라졌을 때 더욱 절실해진다. 그 절실함은 갈색 개를 찾아 나선 할머니의 몸이 조바심으로 운전대에 바짝 붙어있는 모습으로 드러난다. 애써 외면했던 외로움은 그리움이 되어 외부 세계로 나가는 원동력이 된다.

좀 더 적극적인 태도가 된 할머니는 사육장에 전화를 걸어 갈색 개를 찾지만 이름이 없으므로 찾을 수 없다는 사실만 확인하게 된다. 자신이 갈색 개보다 더 오래 살게 되었을 때 겪게 될 상실의 두려움 때문에 이름을 짓지 않았다는 사실과 관계 맺는 일에는 이름이 필요하다는 사실을 받아들이게 된다.

"우리 개를 찾으러 왔어요."
(중략)
이번엔 또 이름까지 묻지 뭐예요.

할머니는 잠시 머뭇거렸어요.
할머니는 자신보다 먼저 세상을 떠난 모든 친구를 떠올렸어요. 그러자 다정하게 웃는 친구들의 얼굴이 하나하나 떠올랐습니다. 사랑스런 친구들의 이름도 모두모두 생각났습니다. 그리고 이렇게 좋은 친구들을 사귀었던 게 얼마나 큰 행운이었는지 깨달았습니다. 할머니는 자신 있게 말했습니다.

"우리 개 이름은 '러키'랍니다! '행운'이라는 뜻이 담긴 이름이죠."(『이름짓기 좋아하는 할머니』)

할머니는 사육장에서 강아지의 의미를 재구성하고, 관계 맺기에 대한 인식을 새롭게 전환한다. "우리 개를 찾으러 왔어요."라는 말로 변화된 할머니의 관계 맺기 태도를 볼 수 있다. 사랑하던 사람의 상실로 외로움이 깊어지는 것은 내면의 사랑이 사라졌기 때문이 아니라 사랑할 대상이 사라졌기 때문이다. 개의 이름을 묻는 사육사의 질문에 할머니는 순간 머뭇거린다. 아물지 않은 상실의 슬픔이 두려움으로 다가왔기 때문이다. 하지만 할머니는 자신보다 먼저 세상을 떠난 친구들을 떠올리며, 좋은 친구들을 사귀었던 게 얼마나 큰 행운이었는지 깨닫는다. 그리고 이전에 관계 맺었던 존재들이 상실의 고통만 준 것이 아니라 삶의 행운도 함께 가져다준 존재였음을 알게 된다. 우연히 찾아온 떠돌이 강아지와의 만남 역시 커다란 행운이었음을 깨닫게 되는 의미의 재구성과 인식의 전환이 일어난다.

할머니는 그때 비로소 갈색 개에게 '러키'라는 이름을 짓기로 결심한다. 할머니가 "오, 러키야!"하고 부르자 순둥이 갈색 개는 단숨에 달려온다. 집 밖으로 갈색 개를 찾아 나섰던 할머니의 심리적 갈등은 해소되고, 새로운 친구를 사귀는 기쁨을 누리게 된다. 비록 상실의 두려움은 피할 수 없지만, 할머니의 단절된 관계는 회복하게 된다.

희로애락의 근원은 관계에서 비롯된다. 다정했던 친구들을 먼저 떠나보낸 할머니 상실의 슬픔은 관계로부터 시작되었으며, 좋은 친구들을 사귀는 행운의 기쁨 역시 관계로부터 시작될 수 있었다. 인간의 삶이란 관계를 지속해서 유지하는 과정이다. 그 관계를 유지하기 위해 희로애락을 감당하며 살고 있는지 모른다. 할머니는 관계에서 빚어지는 기쁨과 슬픔이 회피할 수 없는 삶 자체임을 깨닫는다.

법정 스님은 수필『무소유』에서 어린 왕자와 여우 사이의 길듦에 대하여 나와 너 사이에 '와'가 개재(介在)되어야만 비로소 '우리'가 될 수 있다고 했다. 할머니가 내밀었던 햄 한 덩어리가 할머니와 떠돌이 개 사이에 '와'로 개재되어 어느 틈에 '우리'를 만들었다. 먹이를 내어주던 시간만큼 길들며 그토록 소중한 관계를 맺게 된 것이다. 햄 한 덩어리를 내밀었던 할머니의 속마음은 "나하고 친하자, 나는 외롭다"를 되뇌던 어린 왕자였을지도 모른다.

신동흔은『왜 주인공은 모두 길을 떠날까?』에서 "특별함이 있는 움직임이 곧 변화"이며, 주인공이 "낯선 세상으로 발을 디디면 그 자체로 큰 사건의 시작"이라고 했다. 정원을 둘러싼 울타리는 정서적으로 고립된 내면세계와 관계 맺음을 향한 외부세계를 가르는 경계이다. 할머니는 다정했던 친구들을 떠나보내며 느낀 상실의 고통과 그로 인한 외로움을 홀로 견뎌왔다. 할머니가 울타리를 넘어선 사건은 변화의 시작이다. 울타리를 넘어 갈색 개를 찾아 나서며 새로운 만남이 행운이었음을 인식하게 된다. 그 사건을 통해 비로소 '우리'가 만들어졌고, 그 관계 안에서 빚어지는 슬픔과 기쁨을 삶의 과정으로 바라볼 수 있는 인식의 창조적 변화가 할머니에게서 시작되었다.

침실, 행운이 깃들다

함께 눕고도 남을 만큼 넓고도 넉넉한 로잰느(침대) 위에서 러키를 향한 할머니의 따뜻한 시선과 손길, 그 곁에서 편안하게 엎드려있는 러키의 모습으로 이야기는 마무리된다.

> 그리고 로잰느의 따뜻한 품은, 매일 밤 러키와 그 이름을 지어 준 할머니가 함께 눕고도 남을 만큼 넓고도 넉넉했답니다.(『이름짓기 좋아하는 할머니』)

침실과 침대는 가장 사적인 공간이자 안락과 휴식을 통한 회복의 공간이다. 할머니는 외부 세계의 존재인 떠돌이 강아지를 만난 것이 행운임을 깨닫고 가장 사적 공간인 침실로 받아들인다. 침대는 어느 때보다 따뜻하고 넉넉한 환대의 장소가 된다.

할머니는 먹이를 주며 시작된 관계를 애써 외면했지만, 러키가 삶의 행운이었음을 깨닫고 새로운 의미를 구성한다. 몇 달 동안 함께 공유한 기억과 경험이 할머니와 러키 사이를 길들인다. 함께 한 기억과 경험이 새로운 관계를 이루게 한 것이다. 정원을 가꾸고, 떠돌이 강아지를 보살피는 일은 할머니에게 생명 돌봄의 이타적 일상이 된다.

러키는 할머니의 고립된 정서를 회복시키고 정서적으로 지지하는 상호작용의 대상이다. 떠돌이 강아지를 돌보면서 노년기에 겪는 소외와 단절, 외로움은 변화되기 시작한다. 꼬리를 흔드는 러키에게 먹이를 내어주고, 편안하게 눈을 마주치는 돌봄은 유대감을 형성하는 정서적 지지로 이어졌다.

드디어 할머니의 공간은 외부세계와 연결 가능해졌다. 집-사육장-침실로의 물리적 공간 이동을 통해 할머니는 러키에게 자신의 자리를 내어주고, 정서가 연결되는 사회적 공간을 이루어 낸다. 이제 할머니는 러키라는 이름을 부르고 침대에 자리를 내어주며 작은 공동체의 구성원으로 조건 없이 환대

한다. 이름과 자리를 가진 러키는 의미를 주고받는 존재가 된
다. 환대는 이름을 불러주고, 그 자체로서의 충만함을 받아들
여 조건 없이 자리를 내어주는 것이다. 할머니와 러키는 모두
선의를 함의한 환대의 수혜자이다. 길든 관계는 물리적 공간
과 정서적 공간을 연결해 환대의 자리를 내어주는 힘이 있다.
할머니가 이루어 낸 환대는 외로움과 소외에서 벗어나 삶을
풍요롭게 만드는 노년기 관계 확장의 다른 표현이다.

노년, 관계와 환대를 이야기하다

환대(歡待)란 반갑게 맞아 정성껏 대접한다는 사전적 의미
를 지니고 있다. 환대는 두 팔 벌려 이방인을 내 집으로 맞이
하고, 물질적이든 정서적이든 상대에게 필요한 무엇을 '주는'
행위이다. 프랑스 철학자 자크 데리다는 환대에 관해 타자의
이름이나 언어, 인종, 성별과 상관없이 무조건적 환대가 행해
져야 한다고 했다. 환대는 장소 자체를 타자에게 개방하는 사
건이다. 무조건적 환대는 이방인을 맞이하며 어떤 조건도 부
여해서는 안 되고, 주인은 이방인으로부터 생겨나는 어떠한
위험도 감내하는 것을 의미한다. 타자를 맞아들이는 환대는
위험을 감내하며 주체의 거주지에 그를 맞이하는 일이다. 주

체와 타자는 서로의 경계 위에 서며, 환대는 그 경계가 사라지는 자리에서 생겨난다. 그 자리에서 생겨나는 환대는 친구와 연인, 다른 종과 맺는 관계를 포함한 삶 전반에 걸친 근원적인 행위이다.

데리다는 『환대에 대하여』에서 환대는 인간중심주의를 넘어 "인간의 특성은 환대를 동물들에게 식물들에게…… 그리고 신들에게 베풀 수 있는 데 있지 않을까?"하며 동물에 대한 환대를 제안했다. 데리다는 환대의 범위를 인간을 넘어 동물, 식물, 그리고 신에게까지 확장한다. 타자를 맞아들인다는 것은 인간의 범위를 넘어서며, 어떤 보답도 상정하지 않는, 예측 불가능한 무조건적 환대의 행위이다.

그림책 『이름짓기 좋아하는 할머니』에서 사회의 경계 밖으로 밀려난 떠돌이 강아지가 이방인으로 할머니 앞에 나타난다. 그 과정에서 자신도 모르게 함께 길들며 관계를 맺는다. 여기에서 주목할 점은 할머니 역시 환대가 필요한 또 다른 이방인이라는 점이다. 수많은 상실의 고통으로 사회적 관계가 단절된 외로운 할머니는 더는 누군가의 어머니나 이웃으로 존재하지 않는다. 타자로서 노년을 살아가는 할머니는 사회의 경계 밖으로 밀려난 떠돌이 강아지와 닮아있다. 사회로부터 단절된 현실 속 노인들처럼 돌봄의 대상인 수동적 존재로 보인다.

울타리를 넘어서고 러키라는 이름을 지어 부르는 순간, 할머니는 강아지를 정체성이 부여된 주체로 존재하게 한다. 할머니와 러키가 침대 위에서 편안하게 마주 보는 장면은, 낯선 이를 집 안으로 들여와 자리를 내어주고 함께 시간을 나누는 환대를 상징한다. 이 장면은 나와 너의 경계뿐만 아니라 주인과 이방인의 경계가 사라지는 환대의 상호적 특성을 드러내며, 관계 맺음의 자리에서 '우리'가 되어 있음을 보여준다. 할머니의 환대는 상실의 두려움으로 인한 위험을 감내하며 조건 없이 자리를 내어주고, 나와 너가 '우리'를 만들어 가는 상호 호혜적 관계가 이루어져 가는 것이다.

초고령 사회에 들어선 우리에게 노년을 향한 환대는 없다. 사회에서 소외된 채 외로움에 갇히고 마는 것은 이야기 속 할머니의 일만은 아닐 것이다. 소외된 노인은 수없이 겪는 상실로 인해 외롭고 두렵다. 우리 사회 노인이 마주하는 봄은 외롭고 쓸쓸하다. 노년은 타자가 된 '우리'의 다른 이름이다. 노년은 기쁨과 슬픔, 외로움이 부엽토가 되어 겹겹이 쌓인 세월의 흔적이다. 노년의 봄은 긴 세월 퇴적된 흔적만큼 삶의 향기가 깊고 짙다. 노년의 봄 향기가 짙은 것은 부엽토가 쌓이는 시간만큼 오랫동안 품었던 씨앗이 정성껏 싹을 틔웠기 때문이다. 할머니 정원에는 상실의 슬픔과 외로움, 그리고 돌봄의 기쁨이 긴 세월 동안 부엽토로 쌓였다. 쌓인 부엽토가 품었던 씨앗에서 꽃이 피어난 것은 할머니의 정성스러운 돌봄이 가져온 행운이다. 정원에서 꽃이 피어난 것이 행운이듯, 울타리에서 떠돌이 강아지를 만난 것도 행운이다. 할머니 마음의 정원은 그리움을 씨앗으로 품었다. 마음속 부엽토가 품었던 그리움은 강아지를 행운으로 환대하게 했다. 그 행운을 알아채고 마음을 열어 환대하는 일은 노년의 대견한 일이 아닐 수 없다. 이제 노년의 봄은 겹겹이 새로운 봄이 될 수 있다. 그때 비로소 노년의 외로움과 두려움을 감싸 안을 수 있는 '우리'가 가능해지고, 노년의 삶은 충만함으로 채워질 수 있다.

참고문헌

법정 스님. 1991. *무소유*. 범우사.

브라이언 라이스 글 그림, 이상희 역. 2020. *망가진 정원*. 밝은미래.

승효상. 2016. *보이지 않는 건축 움직이는 도시*. 돌베개.

신동흔. 2021. *왜 주인공은 모두 길을 떠날까?*. 샘터.

신시아 라일런트 글, 캐드린 브라운 그림, 신형욱 역. 2004.*이름 짓기 좋아하는 할머니*. 보물창고.

윤오영. 2011. *방망이 깎던 노인*. 범우사.

자크 데리다, 남수인 역. 2004. *환대에 대하여*. 동문선.

전우익. 1993. *혼자만 잘 살믄 무슨 재민겨*. 현암사.

조민경. 2012. *다문화 소설에 나타난 호명과 주체*. 부경대학교 대학원, 국어국문학과, *문학석사 학위논문*.

제7장
상실의 '흰'[白]에서 치유의 '흰'[白]으로
그림책『망가진 정원』, 브라이언 라이스

안미숙

"멋진 곳이 오래도록 텅 빈 채 버려지는 법은 없어요.
반드시 무엇인가 자라나기 마련이지요."

- 그림책『망가진 정원』중에서

우리는 모두 소중한 무언가를 잃으며 살아간다. 사랑하는 사람을 떠나보냈든, 아니면 소중히 간직했던 무언가를 잃어버렸든, 인생을 살아가며 언젠가는 상실을 경험할 수밖에 없다. 더욱이 준비되지 않은 채 누군가를 잃어야 하는 경험은 우리를 더 깊은 상실감에 빠뜨린다.

브라이언 라이스의 그림책 『망가진 정원』은 삶의 동반자였던 멍멍이와의 갑작스러운 사별로 인해 분노하고 절망하는 여우 에번의 이야기다. 2019년 칼데콧 아너상을 받으며 그 작품성을 인정받은 『망가진 정원』은 정원의 모습과 색채의 변화를 통해 비탄의 시간을 지나는 에번의 마음을 감각적으로 그려낸다.

깊은 슬픔에 빠진 에번은 자신의 멋진 정원을 스스로 망가뜨린다. 아무도 돌보지 않는 정원은 점점 더 황폐해져 간다. 하지만 브라이언 라이스는 "멋진 곳이 오래도록 텅 빈 채 버려지는 법은 없어요. 반드시 무엇인가 자라나기 마련이지요."라며 우리에게 희망과 치유의 메시지를 건넨다. 그렇다면 과연 망가진 에번의 텅 빈 정원에도 다시 새로운 무언가가 자라날 수 있을까? 그리고 에번은 어떻게 다시 일상의 시간으로 되돌아갈 수 있을까?

「망가진 정원」 줄거리

에번과 멍멍이는 뭐든지 함께하는 사이였다. 특히 정원을 함께 돌보는 것을 가장 좋아했다. 그러던 어느날, 갑자기 멍멍이가 세상을 떠나버린다. 멍멍이를 떠나보낸 깊은 상실감으로 인해 에번은 그토록 멋졌던 정원을 망가뜨린다. 이제 에번은 더 이상 아무것도 돌보지 않는다. 뾰족하고 까끌까끌한 잡초만이 무성하게 자란 정원은 세상에서 가장 쓸쓸한 공간이 되어버린다.

시간이 흐르고, 우연히 호박 덩굴 하나가 정원 울타리 밑으로 들어와 자라기 시작한다. 보송보송한 솜털의 연약한 호박 덩굴을 에번은 무심하게 지나쳐버린다. 하지만 호박 덩굴이 점점 자라자, 에번은 잎을 가로막는 잡초를 베어내고 물을 주며 돌보기 시작한다. 호박은 에번이 돌보는 대로 쑥쑥 자라 정원을 온통 초록빛으로 물들인다.

정원이 주황빛으로 다시 물든 어느날, 예전의 기억을 떠올린 에번은 커다랗게 자란 호박을 싣고 마을로 간다. 품평회에 참가하고, 친구들을 만나 맛있는 음식을 먹고, 이야기를 나누며 즐겁게 시간을 보낸다. 에번의 호박은 3등을 한다. 그리고 집으로 돌아가는 빨간 트럭 창가에, 아기동물과 나란히 앉아 있는 에번의 모습이 비친다.

상실과 비탄의 '흰'

푸르른 하늘 아래 깔끔하게 잘 정돈된 정원에서 에번과 멍멍이는 늘 뭐든지 함께 했다. 뛰어놀고, 여행하고, 음악을 듣고. 둘은 언제나 함께 지냈다. 특히 함께 가꾸던 에번의 정원은 온갖 것이 풍요롭고 조화로운 멋진 곳이었다. 구름 한 점 없는 맑고 파란 하늘과 초록빛으로 가득 채워진 정원의 풍경은 멍멍이와 함께 활짝 웃고 있는 에번의 모습과 어우러져 행복한 그의 삶을 생생하게 보여준다.

그러던 어느 날, 갑작스러운 멍멍이의 죽음이 에번에게 닥쳐왔다. 그림책을 펼치면 왼쪽 면에 "그러던 어느 날, 생각지도 못한 일이 벌어졌어요."라는 단 한 문장이 흰 배경 위에 놓여있다. 그 흰 배경을 따라 오른쪽 면으로 이동하면 축 늘어져 누워있는 멍멍이의 모습과 그 옆에 무릎을 꿇고 앉아 슬픈 표정으로 멍멍이의 몸을 쓰다듬고 있는 에번의 모습이 보인다.

이 펼침면 가득한 흰색의 여백은 앞 장의 파란 하늘과 초록으로 가득했던 정원과 대조를 이루며 텅 비어버린 공간의 느낌을 감각적으로 전달한다. 이러한 느낌은 멍멍이의 죽음을 망연자실하게 바라보는 에번의 모습과 어우러져 그의 상실감을 시각적으로 선명하게 드러낸다. 또한 단 하나의 간결한 문장으로 상황을 전달하는 글은 왼쪽으로 바싹 치우쳐져 있어 텅 빈 흰색의 공간을 더욱더 도드라지게 한다. 그림책의 이 장면은 문장의 위치 선정만으로도 멍멍이를 상실한 에번의 마음을 잘 드러내고 있으며, 조화로웠던 에번의 삶이 더 이상 존재하지 않음을 암시한다.

혼자가 된 에번은 깜깜한 집 안에 틀어박혀 나오지 않았다. 창문을 통해 보이는 정원은 파란 하늘 아래 연둣빛으로 잘 자란 작물들이 가지런하게 정돈되어 있었다. 에번은 그 모습을 가만히 지켜보다 정원으로 나갔다. 그리고 화가 난 모습으로 괭이를 휘두르며 정원을 깡그리 망가뜨려 버렸다. 닥치는 대로 자르고, 베고, 내던져 버렸다.

> 가장 친한 친구가 없는 정원은 무섭도록 낯설었어요.
>
> (『망가진 정원』)

더 이상 멍멍이와 함께 할 수 없음을 받아들여야 하는 에번에게 싱그러운 초록의 정원은 무섭도록 낯선 공간으로 다가온다. 세상은 변함없이 푸르른데 왜 자신만 혼자 남아 이토록 힘들고 아파해야 하는지 에번은 화가 나고 혼란스럽다. 멍멍이의 죽음을 받아들이지 못하는 에번은 치밀어 오르는 분노에 사로잡혀 초록의 정원을 닥치는 대로 자르고 베어버린다. 망가진 정원은 이제 텅 비어버렸다. 그 텅 빔 또한 흰색을 배경으로 더욱더 도드라진다. 망가진 정원의 흰색은 이렇게 에번의 공허하고 아픈 비탄의 마음을 담아내는 색이고, 상실의 슬픔을 드러내는 색이 되어버렸다.

이처럼 그림책은 주인공 에번의 깊은 상실감을 정돈된 정원의 초록색과 망가진 정원의 흰색을 대비시켜 표현한다. "특정한 색이 특정한 정서와 태도를 불러오며, 그림의 어떤 다른 양상들보다 더욱 정확하게 분위기를 실어 나르는 작업을 수행한다."라는 페리 노들먼의 말처럼, 흰색은 정원의 망가진 상태와 더불어 직접적으로 에번의 상실과 비탄의 마음을 가장 잘 드러내는 상징 이미지로 작용한다.

시나브로 물드는 연둣빛 시간

시간이 흘러 아무도 돌보지 않던 에번의 텅 빈 정원에도 다시금 새로운 식물이 싹을 내고 쑥쑥 자라났다. 에번은 뾰족하고 까끌까끌한 냄새 고약한 잡초가 마음에 들었다. 이제 정원은 온통 가시 돋친 뾰족뾰족한 잡초로 가득했다.

만지면 가려운 잡초.
뾰족하고 까끌까끌한 잡초.

냄새가 고약한 잡초.

에번은 이런 잡초가 마음에 쏙 들었어요.

그래서 잘 돌봤지요.(『망가진 정원』)

텅 빈 정원에 자라난 잡초는 아직도 화나 있고 뾰족하게 날이 선 에번의 마음과 닮았다. 잡초가 마음에 들어 돌보기 시작했다는 것은 잡초의 모습과 냄새, 그 무성함을 통해 에번의 심리 상태를 드러내고자 하는 의미이다. 상실의 흰 공간이 무력하고 공허한 에번의 정신적 상태를 나타낸다면 뾰족하게 날선 모양새인 정원의 모든 잡초와 물건들은 분노와 슬픔의 감정으로 자신을 스스로 고립시켜 버린 에번의 정서 상태를 짐작하게 한다. 세상에서 가장 행복한 곳이었던 에번의 정원은 이제 가장 외롭고 쓸쓸한 곳이 되어버렸다.

각자의 경험에 따라 조금의 차이는 있겠지만 누군가에게 정원은 조용한 사색의 공간이고, 씨앗이 자라 꽃을 피우고 열매를 맺는 풍요의 공간이다. 때론 사랑하는 사람들과 함께 성장하며 아름다운 추억을 쌓아나가는 기억의 공간이 되기도 한다. 그림책 『이름 짓기 좋아하는 할머니』에서도 정원은 할머니가 갈색 강아지를 만나 이름을 지어주기까지의 과정을 점점 풍요로워지는 모습으로 표현되고 있다. 그 관계의 변화와 성숙을 상징하는 장소가 정원이기 때문이다.

이처럼 문학 작품에서 '정원'은 다양한 상징의 의미를 담고 있는 공간이다. 그림책『망가진 정원』에서도 정원은 에번의 삶의 공간이자 그의 심리 변화를 보여주는 상징적 공간이다. 멍멍이와 함께 할 때의 풍요롭고 조화로운 정원은 에번의 행복한 삶을 상징한다. 반면 상실로 인해 망가져 버린 정원은 돌보지 않는 에번의 삶이자 애도의 시간을 힘겹게 건너고 있는 그의 심리 공간이다.

하지만 "멋진 곳이 오래도록 텅 빈 채 버려지는 법은" 없다는 작가의 말처럼 시간은 에번의 마음을 천천히, 아주 조금씩 변화시킨다. 텅 비었던 정원에 잡초가 자라고, 그 뾰족하고 냄새 고약한 잡초가 정원을 가장 쓸쓸한 곳으로 만들어버렸을지라도 그 또한 멍멍이의 부재를 받아들이고 있는 에번의 마음이다. 마음껏 슬퍼하고 분노할 수 있었던 에번은 자신도 깨닫지 못한 사이에 천천히 일상의 시간을 향해 나아가고 있었다. 작가는 이러한 에번의 변화를, 잡초가 싹을 틔우고 정원을 온통 뾰족하게 뒤덮는 연속된 세 개의 펼침면을 통해 보여준다. 펼쳐진 세 장면의 그림을 찬찬히 살펴보면 정원의 배경색이 보일 듯 말 듯한 연한 빛에서 서서히 진함이 더해진 연둣빛으로 물들어 가는 것을 관찰할 수 있다. 비록 잡초의 뾰족한 모양과 고약한 냄새는 아직도 상실에 아파하는 에번의 모습을 보여주고 있지만, 에번은 자신도 모르는 사이 상실의 '흰'

을 넘어 시나브로 연둣빛으로 물들며 천천히 치유의 시간을
향해 나아가고 있었다.

연약한 초록빛 호박 덩굴, 하나

어느 날, 연약한 초록빛의 호박 덩굴 하나가 단단히 둘러쳐
진 울타리 밑을 비집고 들어와 에번의 정원에서 자라기 시작
했다. 에번은 덩굴을 자르려다 말고 가늘고 꼬불꼬불한 덩굴
손을 가만히 내려다보았다. 그리곤 호박 덩굴을 그냥 내버려
두었다. 호박 덩굴은 점점 자라 열매를 맺었다. 그 모습을 지
켜보던 에번은 잡초를 뽑고 물을 주며 열심히 돌보기 시작했
다. 호박은 에번이 돌보는 대로 쑥쑥 자라나 정원을 온통 초록
빛으로 물들였다.

호박은 에번에게 어떤 의미일까? 우리에게 친숙한 동화인
『신데렐라』에서 호박은 마법의 힘으로 화려한 마차가 되어
신데렐라를 왕자님에게 데려다준다. 호박은 힘든 삶을 견뎌
내는 신데렐라에게 변화와 새로운 시작의 가능성을 열어주는
희망의 상징이다. 또한 "호박이 덩굴째 굴러 들어 온다."라는
우리의 속담처럼 호박은 뜻밖의 행운과 우연성을 내포하기도
하고, 햇빛이 적은 곳에서도 방향을 바꿔가며 빛을 찾아 뻗어

나가는 호박 덩굴은 아무리 힘든 상황에서도 삶을 향해 나아가는 생명력을 의미하기도 한다.

이러한 호박의 상징성은 에번의 정원에서 자라기 시작한 호박 덩굴에서도 발견 가능하다. 울타리 틈을 비집고 들어온 호박 덩굴은 에번이 다시 삶을 돌보고, 새로운 관계로 나아갈 수 있는 회복의 작고 우연한 계기를 제공한다. 호박을 돌보는 것은 앞서 이야기한 잡초를 돌보는 것과는 그 의미가 사뭇 다르다. 정원 안에서 자라난 잡초는 에번의 내면세계에 자리 잡은 슬픔과 분노를 상징한다. 잡초를 돌본다는 것은 에번이 슬픔과 분노에 점점 더 빠져들고 있음을 의미한다. 하지만 호박을 돌보는 일은 에번에게 잡초를 뽑고 물을 주며 삶의 터전인 정원을 다시 풍요롭게 하는 일이다. 에번이 정원 밖에서 들어온 호박 덩굴을 내버려두었다는 것은 닫혔던 마음이 조금 열렸음을 말해준다. 또한 호박을 돌보기 위해 잡초를 뽑고 물을 주었다는 것은 에번이 능동적으로 호박과 새로운 관계를 맺기 시작했음을 의미한다.

그래서 에번의 호박은 신데렐라의 호박처럼 변화를 일으켜 새로운 시작과 희망을 꿈꾸게 하고, 슬픔을 견디고 다시 삶으로 나아가게 하는 자기돌봄의 상징으로 작용한다. 이제 호박은 쑥쑥 자라나 에번의 정원을 다시 초록으로 물들였다. 에번의 삶도 다시 예전의 활기를 되찾을 준비가 되어 보인다.

커다랗게 농익은 주황빛 호박

커다랗게 자란 호박은 에번의 정원을 온통 농익은 주황빛
으로 물들였다. 품평회가 열리는 주간이면 에번은 항상 멍멍
이와 함께 키운 호박을 싣고 품평회에 참가했다. 에번은 한해
의 수확을 친구들과 나누며 시끌벅적하게 즐겼던 예전의 기
억이 떠올라 가슴이 뛰었다.

> 저녁 공기가 차가워질 즈음 에번은 가슴이 뛰었어요.
> 예전에 익숙했던 그 느낌이었지요.
> 품평회가 열리는 주간이었어요.(『망가진 정원』)

품평회의 계절은 모든 것이 풍요롭고 성숙해지는 시기다.
이제 에번은 단단히 둘러친 울타리를 걷어내고 정원 밖으로
나올 준비가 되었다. 커다랗게 익은 주황빛 호박은 힘든 애도
의 시간을 잘 이겨낸 후, 일상으로 다시 나아가려는 에번의 심
리적 성장과 성숙을 의미한다.

비록 멍멍이의 자리는 비었지만, 에번은 예전처럼 **빨간 트
럭에 커다란 호박을 싣고** 마을로 향했다. 이 장면은 에번이 멍
멍이의 죽음을 지켜보던 전반부의 장면을 떠올리게 한다. 펼
쳐진 면의 흰 배경을 바탕으로 왼쪽 면엔 한 문장의 짧은 글이

적혀 있고, 오른쪽 면엔 빨간 트럭을 탄 에번의 모습이 보인다. 두 장면의 전체 구성이 묘하게 닮았다. "에번은 호박을 싣고 마을로 갔어요."라는 짧은 문장은 왼쪽으로 바싹 치우쳐 있어 흰 배경을 더욱 도드라지게 한다. 에번의 빨간 트럭은 흰 배경 위에 오른쪽을 향해 앞으로 달려 나가듯이 표현되어 있다. 이전의 장면보다는 전체 구성이 조금 더 안정감이 있을 뿐이다. 하지만 '흰' 배경은 예전 상실의 '흰' 공간과는 전혀 다른 느낌을 준다. 멍멍이의 죽음을 비통하게 바라보던 공간이 공허하고 텅 빈 느낌의 '흰' 공간이라면, 호박을 싣고 마을로 향하는 '흰'의 배경은 '무(無)'의 공간, 다시 새롭게 채워나가려는 '흰'의 공간이다.

품평회에 참가한 에번은 닫혀있던 마음의 울타리를 걷어내고 친구들과 어울려 이야기를 나누고 맛있는 음식도 함께 먹었다. 에번은 기분이 좋았다. 멍멍이를 상실한 사실이 변한 건 아니지만 마음이 이끄는 대로, 충분히 슬퍼하며 천천히 애도의 시간을 건너온 에번이 온통 주황빛으로 물든 호박들 사이에서 다시 친구들과 함께 웃고 있다. 이제 에번은 멍멍이가 없는 세상을 받아들일 준비가 되어 보인다.

새로운 시작, 치유의 '흰'

에번의 호박은 품평회에서 3등 상을 받았다. 에번은 상품으로 10달러와 아기동물이 든 상자 중 하나를 골라야 했다. 그는 망설임 없이 10달러를 골랐다. 하지만 바스락거리는 소리가 에번의 발길을 돌려놓았다. 무심코 상자를 들여다보는 에번. 이후 작가는 어떠한 글과 그림의 설명도 없이 마지막 장으로 이야기를 넘긴다.

마지막 장면에는 흰 배경 위에 집으로 돌아가는 트럭의 뒷모습이 등장한다. 차창에는 에번과 아기동물이 나란히 앉아 있는 모습이 비친다. 그림책의 마지막 장인 이 장면에서 우리는 새로운 관계를 받아들이고, 일상으로 돌아가는 에번을 위해 따스한 시선으로 트럭의 뒤를 쫓게 된다. 그 시선 끝에 긴 여운이 남는다. 그 여운을 담은 공간도 흰색이다. 이때의 '흰' 공간 또한 정원 울타리를 나와 마을로 향하는 '흰'의 공간처럼 멍멍이를 상실할 때 보여준 '흰'의 공간과는 질적으로 다른 흰색이다. 그림책 전반부의 흰색이 죽음과 상실의 이미지라면 후반부의 흰색은 일상적인 삶의 회복과 치유, 새로운 시작의 이미지를 함축한다. 그래서 한강의 소설 『흰』을 닮았다.

『흰』은 화자인 '나'가 태어나기 전 어머니가 낳은 첫아기, 단 두 시간을 살다 떠난 '나'의 언니에게 보내는 작가 한강의

'흰'의 애가(哀歌)다. 젊은 아버지가 학교에 출근한 사이, 스물네 살의 어머니는 갑작스레 찾아온 진통으로 혼자서 여자아이를 낳았다. "죽지 마. 죽지 마라 제발."이라는 어머니의 간절함을 뒤로한 채 언니는 단 두 시간을 살다 세상을 떠났다.

> 흰 것에 대해 쓰겠다고 결심한 봄에 내가 처음 한 일은 목록을 만든 것이었다.
>
> 강보, 배내옷, 소금, 눈, 얼음, 달, 쌀, 파도, 백목련, 흰 새, 하얗게 웃다, 백지, 흰 개, 백발, 수의.
>
> 한 단어씩 적어갈 때마다 이상하게 마음이 흔들렸다. 이 책을 꼭 완성하고 싶다고, 이것을 쓰는 과정이 무엇인가를 변화시켜줄 것 같다고 느꼈다. 환부에 바를 흰 연고, 거기 덮을 흰 거즈 같은 무엇인가가 필요했다고.(『흰』, 9-10)

작가가 처음 쓴 '흰'의 목록이다. 이제 막 생을 시작하는 갓난아기의 강보와 배내옷에서 시작된 목록은 백발과 죽은 이의 옷인 수의로 마무리된다. 이처럼 소설에 나오는 '흰' 것의 이미지에는 삶과 죽음이 공존한다. 그리고 환부에 바를 연고와 거즈의 '흰'은 치유와 회복의 이미지와 맞닿아있다. 소설의 또 다른 부분에서도 이러한 '흰'의 이미지는 더욱더 잘 드러난다.

> 1944년 9월 시민 봉기 이후 히틀러가 본보기로 절멸을 지
> 시했던 도시, 폭격으로 95퍼센트 이상의 건물들이 파괴된
> 도시, 부서진 흰 석조 건물들의 잿빛 잔해만이 끝 간데없이
> 펼쳐져 있던 칠십 년 전의 그 도시를 나는 숨죽인 채 지켜
> 보았다. 내가 머물고 있던 그곳이 '흰' 도시라는 것을 그때
> 알았다. 그날 집으로 돌아가며 나는 어떤 사람을 상상하고
> 있었다. 그 도시의 운명을 닮은, 파괴되었으나 끈질기게
> 재건된 사람을. 그이가 내 언니라는 것을, 내 삶과 몸을 빌
> 려줌으로써만 그녀를 되살릴 수 있다는 사실을 깨달았을
> 때 나는 이 책을 쓰기 시작하고 있었다.(『흰』, 187)

독일의 폭격으로 인해 모든 것이 파괴되어 눈이 쌓인 듯 하
얗게 무너져 내린 도시. 그리고 그 그을린 잔해 위에 새 기둥
과 새 벽을 연결하여 다시 살아난 흰 도시 바르샤바. '흰'은 완
전히 파괴되었다 새롭게 재건된 바르샤바의 이미지다. 이 또
한 『망가진 정원』이 가지고 있는 죽음과 상실, 그 이후의 치
유와 회복으로 나아가는 흰색의 이미지와 맞닿아있다.

폭격으로 무너져 내린 흰 석조 건물은 죽음과 상실의 상징
이다. 95퍼센트 이상의 건물이 파괴된 '흰' 도시 바르샤바는

멍멍이의 죽음을 지켜보던 에번의 상실과 슬픔을 담아낸 텅 빈 '흰' 공간의 정서 이미지와 닮아있다. 하지만 그 '흰' 도시는 파괴되었으나 끈질기게 재건된다.

> 그러니까 이 모든 것들이 한번 죽었었다. 이 나무들과 새들, 길들, 거리들, 집들과 전차들, 사람들이 모두. (중략) 간혹 어떤 기둥이나 벽들의 아랫부분이 살아남았을 경우에는, 그 옆과 위로 새 기둥과 새 벽이 연결되어 있다. 오래된 아랫부분과 새것인 윗부분을 분할하는 경계, 파괴를 증언하는 선들이 도드라지게 노출되어 있다. (『흰』, 28-29)

이 '흰'의 도시 전체가 한 번 죽었다가 다시 살아났다. 파괴에서 살아남은 기둥과 벽들 위에 새 기둥과 새 벽을 이어 붙여 복원된 도시. 오래된 것과 새것을 이은 경계선이 파괴를 증언하는 선이 된 도시. 이제 이 도시는 많은 사람의 발길을 붙들고 이 '흰' 도시에 있었던 과거의 사건을 역사적 사실로 기억하게 한다.

『망가진 정원』의 마지막 장면도 재건된 '흰' 도시 바르샤바의 이미지다. 멍멍이의 죽음을 받아들이고 변화된 일상을 살아가기로 마음먹은 에번은 아기동물과 함께 집으로 돌아간다. 그 배경이 되는 색도 흰색이다. 이때의 '흰'은 재건된 '흰'

도시의 이미지처럼 상실 위에 새로운 삶을 잇대어 살아가려는 회복과 치유의 '흰'이다.

황금빛 햇살 같은 기억, 그리움

『흰』의 화자인 '나'는 흰 도시 바르샤바에서 자신의 삶을 내어주어 죽은 언니를 되살리려 한다. 자신의 기억과 감정을 공유하며 진정한 애도의 시간으로 나아가고자 하는 것이다. 내 삶에 죽은 이가 되살아나는 것. 그것은 언니와 '나' 사이의 새로운 관계 맺음이다. 그리고 죽은 언니를 향한 '나'의 애도이자 잊지 않고 기억하는 사랑이다. 새로운 관계 맺기로 죽은 언니를 내 안에 되살려내는 『흰』의 애도 방식은 데리다의 애도와 그 맥을 같이한다.

하지만 데리다의 애도 이론을 살펴보기 전에 애도에 대한 고전적 해석인 프로이트의 이론을 먼저 살펴보자. 프로이트에 따르면 정상적인 애도는 상실의 슬픔을 훌훌 털어버리고 현실의 삶으로 복귀하는 것을 의미한다. 사랑하는 대상이 더 이상 존재하지 않음을 받아들이고, 일정한 시간이 지나면 그를 잊고 새로운 관계로 나아가야 한다. 프로이트는 아무리 상실의 아픔이 컸더라도 떠난 이에게 쏟았던 리비도는 현실의 새로운 상대에게 옮겨가기 마련이며, 애도엔 끝이 있다고 말했다. 반면 계속해서 떠난 이의 부재를 떠올리며 슬퍼하고 기억하려 하는 것은 비정상적인 병리적 애도라고 그는 설명하였다. 프로이드는 이를 '멜랑꼴리'라고 표현한다.

그림책 『망가진 정원』의 후반부에서 에번은 마을로 내려가 예전처럼 친구들을 만나 웃고 떠들고, 품평회에서 만난 아기동물과 함께 집으로 돌아간다. 여기서 이 그림책을 덮는다면, 우리는 프로이트의 주장에 고개를 끄덕이면 된다. 그리고 에번이 정상적인 애도 과정을 잘 마쳤으므로 멍멍이를 잊고 아기동물과 행복하게 잘 살아가길 바라면 된다.

하지만 조금만 더 생각해 보면 에번이 과연 그럴 수 있을까? 라는 의문을 품게 된다. 멍멍이의 죽음 후 자신의 정원을 송두리째 망가뜨리고 아무것도 돌보지 않을 만큼 아파했던 에번이었다. 그런 그가 멍멍이를 잊고 살아가는 게 가능할까? 이 질문에, 상실을 경험해 본 사람이라면 쉬이 고개를 끄덕이지 못할 것이다. 만약 같은 질문을 데리다에게 묻는다면 그는 단연코 불가능하다고 말할 것이다. 데리다는 사랑하는 사람을 잃은 슬픔은 위로될 수 없는 끝없는 슬픔이라고 말한다. 그렇기에 애도 또한 끝이 있을 수 없다는 '애도의 불가능성'을 주장한다. 그는 애도를 끝내야 하는 작업이라고 말하는 프로이드의 생각이 너무도 폭력적이라며 강하게 비판한다. 데리다의 애도는 떠난 이를 망각의 세계로 떠나보내는 과정이 아니라 그를 내 안으로 새롭게 받아들이는 과정이다. 그러므로 그의 애도는 떠난 이를 잊지 않겠다는 결의에 찬 '기억의 애도'다. 프로이트에게 애도는 떠난 이에 대한 망각의 출발점이지만 데리다에게 애도는 고인을 잊지 않고 기억하는, 황금빛 햇살 같은 그리움의 시작이다.

그렇다면 이 그림책에서 한강이 말하고 데리다가 주장하는, 잊지 않고 기억하는 사랑이자 끝이 없는 애도의 단서를 어떻게 찾을 수 있을까? 이 단서를 찾기 위해 우리는 그림책의 앞으로 돌아가 속표지를 다시 살펴야 한다.

> 우리는 책의 내용에 관한 반응을 이끌어 내는 기초로 표지의 시각적 정보를 활용한다. 그림 작가들은 책 속에는 없으나 이야기의 본질적인 성격을 요약한 것을 표지 그림에 담아 적합한 기대치를 형성하고자 한다.(『그림책론』, 99-100)

그림책의 표지나 속표지는 그림책을 관통하는 주제를 함축적으로 담고 있는 부분이다. 작가들은 그림책 본문 작업 후 자신이 전달하고자 하는 주제를 담아 후반부에 표지 작업을 하기도 한다. 그러하기에 그림책을 다 읽고 표지와 속표지를 다시 해석해 보는 작업은 그림책을 읽는 또 다른 재미를 선사

한다. 『망가진 정원』에서도 그림책을 다 읽고 다시 앞으로 돌아가 속표지를 살펴보면 처음과는 다른 해석이 가능해진다. 속표지를 다시 살펴보자.

농익은 커다란 호박을 등진 채 기대앉은 에번의 모습이 참 편안해 보인다. 그의 시선이 닿는 곳에 그를 미소 짓게 하는 무언가가 있는 듯하다. 그게 무얼까? 배경은 멍멍이와 지내던 시절처럼 잘 가꾸어진 정원이다. 그곳의 하얀 울타리에 그림자가 비쳐 보인다. 이 그림자가 의미하는 게 무엇인지 곰곰이 생각해 보자.

처음 그림책을 펼치면 사람들 대부분은 정원 한 편에서 놀고 있는 멍멍이라고 생각한다. 그 모습을 에번이 행복하게 바라보는 것이라고. 하지만 책의 끝에 다다른 후 다시 돌아와 살펴보라고 청하면 누군가는 이 그림자의 의미가 달라 보인다고 말한다. 어떤 이는 새로운 관계를 시작한 아기동물의 그림자가 아니냐고 묻는다. 그렇게 보아도 무방하다. 멍멍이를 상실하고, 깊은 비탄의 시간을 지나온 에번이니 새로운 관계의 시간으로 나아가고 있다고 해석할 수 있겠다. 하지만 또 다른 이는 굳이 그림자로 표현한 작가의 의도가 있지 않겠냐고 의문을 제기한다. 문학 작품에선 그림자가 흔히 존재의 흔적으로 은유되기에 그렇게 해석해 보자고 청한다. 그의 청에 따라 그림자를 은유적으로 바라보면, 울타리 벽에 비친 그림자는 에번의 기억 속에 되살아난 멍멍이의 모습이라는 해석이 가능해진다. 그렇다면 주황빛 호박에 기대앉아 미소 짓는 에번의 모습은 멍멍이와의 추억을 되새기며 평온한 하루를 보내는 모습으로, 그 의미가 사뭇 달라진다.

이제 비로소 에번의 애도는 농익은 호박처럼, 따뜻한 저녁 햇살처럼 성숙한 그리움으로 다가온다. 『흰』의 화자가 자신의 삶을 내어주어 죽은 언니를 되살리려 한 것처럼 에번도 멍멍이를 자기 안에서 되살리고 멋진 정원에서 함께 살아간다. 그리고 잊지 않고 기억하며 미소 짓는다. 에번의 애도도 데리다의 애도처럼 죽는 날까지 끝없이 지속될 것이다.

참고문헌

브라이언 라이스 지음, 이상희 옮김. 2019. *망가진 정원*. 밝은미래.

신시아 라일런트 글, 캐드린 브라운 그림, 신형욱 옮김. 2004. *이름 짓기 좋아하는 할머니*. 보물창고.

페리 노들먼 지음, 김상욱 옮김. 2022. *그림책론*. 창비.

한강 지음. 2024. *흰*. 문학동네.

왕철. 2012. 프로이트와 데리다의 애도이론 -나는 애도한다 따라서 나는 존재한다. *영어 영문학*, 58(4): 783-807.

김민화. 2021. 애도에 대한 이론, 내러티브, 그리고 그림책의 스토리텔링. *독서치료연구*, 13(2): 1-25.

제8장
자살생존자, 7년의 질문 "왜 당신은?"
소설 『환상의 빛』, 미야모토 테루

김경희

저는 이유를 알 수 없는 자살이라는 형태로 당신을 잃었습니다. 저는 그 후 허물처럼 살아왔습니다. 당신은 왜 자살을 했을까, 그 이유는 대체 뭐였을까, 저는 멍해진 머리로 생각하고 또 생각하고….

- 소설 『환상의 빛』 중에서

미야모토 테루의『환상의 빛』은 예상치 못한 순간에 자살한 남편의 사정을 알려고 했던 아내 유미코의 고백이 담긴 소설이다. 유미코는 '왜 당신은 스스로 목숨을 끊었나요?'라는 질문을 던지며 자살을 해명해 줄 잃어버린 퍼즐을 찾는데 매달린다. 그래서 소설에는 행복하다고 느끼는 즈음에 아무런 단서도 없이 자살해버린 남편을 이해하려는 아내의 고통스러운 애도 여정이 그려진다. 남편을 잃은 아내, 유미코는 얼마나 당황했을까. 그리고 얼마나 분하고 슬펐을까. 그 가슴에 맺힌 답답함을 생각하면 마음이 처연해진다. 그래도 마침내 온화한 사람들을 만나 새 가족을 이루고 안도감을 느끼며 남편의 죽음을 수용할 수 있어서 그나마 다행한 일이다.

사랑하는 사람이 스스로 생명을 끊은 후에 남겨진 자들이 살아내야 하는 고통의 깊이를 생각한다면 자신의 목숨을 함부로 해서는 안 될 일이다. 자살은 강력하고 파괴적인 방식의 죽음으로 남겨진 자들을 슬픔의 심연(深淵)으로 빠트린다. 결국, 자살은 거대한 쓰나미처럼 죽음의 그림자로 삶을 뒤덮어버린다. 비극적 죽음 이후에 남겨진 자들이 겪어내야 하는 고통을 고려하여 자살 유가족을 '자살생존자'라고 부른다. 이는 상실의 슬픔과 혼란에서 살아남았다는 뜻이다. 유미코는 삶과 죽음의 경계선에 걸쳐있는 희미한 빛줄기를 바라보며, 7년을 견딘 자살생존자다.

「환상의 빛」 줄거리

유미코는 인지저하증에 걸린 할머니가 집으로 돌아오지 않아 생긴 마음의 빚을 지닌 채 살아가고 있었다. 그후 그녀는 이웃인 이쿠오와 결혼했다. 아들이 태어난 지 석 달이 되었을 때, 남편은 철길을 걷다가 전차를 피하지 않고 사망했다. 남편의 죽음은 자살로 판명됐고 그로부터 유미코는 남편의 자살 이유를 알아내려고 애를 썼다. 그러나 그녀는 3년 동안 자살의 원인을 찾을 수 없었으며, 이후 죽음의 그림자를 피해 떠밀리듯 고향을 떠났고, 상처(喪妻)한 다미오와 재혼했다. 그녀는 바닷가 마을에서 새로운 사람들과 삶을 시작하면서 안도감을 느꼈다. 새 가족들은 그녀에게 친절했으며, 시시각각 달라지는 바다는 그녀에게 위안이 됐다. 그러나 여전히 자살에 대한 의문과 상실감은 일상을 틈입(闖入)하며 유미코를 괴롭혔지만, 아직도 자살에 대해 말할 수 없었다. 어느 날 그녀는 고향에서 남편의 마지막 행적을 알게 되었지만, 여전히 자살의 이유를 발견하지 못했다. 그러던 중 그녀는 바다로 향하는 청년을 미행하는 과정에서 자살자의 마음을 아는 것이 불가능하다는 점을 깨닫게 됐고, 남편을 보낸 지 7년 만에 슬픔의 눈물을 쏟았다. 그리고 이웃인 도메노 댁과 가족에게 전남편이 자살했다는 사실을 말하며 위로를 받았다.

마음속의 혼잣말, "왜 당신은?"

사랑하던 사람의 갑작스러운 자살은 큰 충격과 혼란으로 다가온다. 자살생존자들은 그동안 견지하던 세계관이 파괴되며 슬픔과 분노, 의문과 죄책감 등 복잡하고 혼란스러운 감정에 휩싸인다. 그리고 자의 반 타의 반으로 사회적 고립과 단절을 경험한다. 또한 절망의 심연에서 자살의 원인을 찾으려고 애쓴다. 고인의 죽음을 이해하려는 노력은 고인의 마지막 발자취를 따라가며, 그의 삶을 복기하는 과정이기도 하다.

> 비 그친 선로 위를 구부정한 등으로 걸어가는 당신의 뒷모습이 뿌리쳐도, 뿌리쳐도 마음 한구석에 떠오릅니다. 유이치를 데리고 이곳 세키구치 다미오의 집으로 시집와 일 년이 지나고 이 년이 지나도 저는 당신이 죽은 그날부터 저도 모르는 사이에 계속해온 마음속의 혼잣말을 도저히 그만둘 수가 없습니다.(『환상의 빛』, 12-15)

젊은 아내 유미코에게 남편의 자살 통보는 청천벽력과도 같았다. 유미코의 남편은 결혼 후 첫 아이가 태어나 삶의 활기가 돋아나던 때에 스스로 생을 마감했다. 오랫동안 유미코를 숨 막히게 했던 것은 불현듯 아무 말도 없이, 아무런 단서도 없이 떠나 버린 남편이었다. 그녀는 7년 동안 '왜 당신은?'이라는 질문을 던지며, 자살의 원인을 찾으려고 고군분투한다.

유미코는 아무 말도 없이 죽어버린 남편의 마음을 알고 싶었다. 아내와 젖먹이를 두고 제멋대로 떠난 버린 남편을 이해하기 위해 '마음속의 혼잣말'을 한다. 남편의 환영을 쫓으며 자살자의 마음을 알려고 혼자서 애를 쓴다. 비극적인 순간을 상상하고 곱씹어보지만, 자살한 사람의 마음을 짐작조차 할 수 없었다. 죽어버린 남편에게 말을 걸어보지만, 번번이 대답을 듣지 못하고 혼잣말은 습관이 되어 일상을 잠식한다.

자살생존자들이 '왜'라는 질문을 평생 안고 살아간다는 점은 잘 알려져 있다. 왜라는 질문은 자살의 이유나 원인을 찾으려는 노력이며, 이는 자살자를 이해해보려는 마음이기도 하다. 남편을 잃은 유미코는 삶에 대한 희망이 무너지면서 슬픔과 분노가 뒤엉킨 공간에 자신을 가뒀다. 이곳에서 그녀는 고인의 마지막 마음을 알아내려고 했다.

유미코가 돌아오지 않는 사람에 대해 상심하는 것은 어린 시절 경험한 할머니의 실종과 연관이 있다. 인지저하증이 걸린 할머니는 고향으로 가려다가 길을 잃는 일이 잦았다. 그날도 할머니는 예전에 살던 마을로 가겠다며 길을 나섰는데, 어린 유미코는 웬일인지 할머니를 잡을 수 없었다. 이후 할머니는 행방불명이 됐고, 유미코는 할머니를 잡지 않는 것에 대해 자책하는 마음이 커졌다. 이처럼 유미코에게 돌아오지 않음 또는 잃어버림, 즉 상실에 대한 두려움과 불안은 일찍이 가슴에 각인됐다고 할 수 있다.

> 저는 이유를 알 수 없는 자살이라는 형태로 당신을 잃었습니다. 저는 그 후 허물처럼 살아왔습니다. 당신은 왜 자살을 했을까, 그 이유는 대체 뭐였을까, 저는 멍해진 머리로 생각하고 또 생각하고, 그러다가 생각하는데 지쳐서.(후략). (『환상의 빛』, 47)

돌아오지 않는 사람의 뒷모습을 쫓는 동안 유미코의 삶은 방치되었다. 대답을 들을 수 없는 질문에 매달리는 동안 유미코는 껍데기로 살아가게 된다. 왜라는 질문에 갇혀 서서히 지쳐가는 유미코는 자신을 '허물'이라고 지칭했다. 허물은 알맹이 없이 껍데기만 있는, 텅 빈 상태로 자신의 삶을 잃어버린 모습에 대한 비유다. 유미코는 일상을 살아가고 있는 것처럼 보이지만, 그녀의 의식은 과거 회귀를 반복했다. 그녀의 의식은 반복적으로 남편이 자살했던 시간과 공간으로 되돌아가면서 현재의 삶은 방치됐다. 빈번한 과거로의 회귀는 현재를 멈춰 세우고 삶은 파편화된다. 유미코의 내면의식이 과거에 머무는 동안 현재의 삶은 비어간다. 유미코가 어떤 고통으로 상실을 겪어내든 그것은 이미 지나간 시간이다. 과거로의 회귀와 반추를 지속하지만, 자살에 대한 어떤 대답도 얻을 수 없었던 유미코는 해명하기 어려운 질문을 품은 채 서서히 지쳐간다. 자살생존자들의 애도 과정이 복잡해지는 이유가 여기에 있다. 생존자들은 자살자가 마지막 순간에 직면했던 감정이나 생각, 상황에 대해 알고 싶어 한다. 자살 동기에 대한 탐색은 사별 직후부터 오랫동안 생존자를 괴롭히는 문제이기도 하다. 자살의 이유와 원인을 짐작할 수 없을 때, 생존자의 애도는 지연되거나 유예된다. 유서를 남기고 간 자살자일지라도 자살자의 삶에서 자살에 이르기까지 생의 과정, 심리적 변화, 정신 역동 등을 규명하기는 쉽지 않은 일이다.

이처럼 자살 원인을 규명하여 자살자를 이해하고 자살을 예방하기 위해 실시하는 것을 심리부검이라고 하며, 이는 전문가의 영역이다. 그렇기에 유미코는 남편의 심리부검에 번번이 실패한다. 칼라 파인도 유미코처럼 7년 동안 자살한 남편의 마음을 알려고 했던 자살생존자다. 그의 저서인 『너무 이른 작별』은 배우자의 자기파괴 논리를 알아내려는 몸부림과 이후의 애도 작업에 대한 자살생존자의 기록이다.

　　그가 삶을 끝내기로 한 이유를 설명해줄 것 같은, 내가 간
　　과해 버렸을지도 모를 단서들을 강박적으로 찾는데 수없

이 많은 시간을 소진했다. 오직 죽은 그 사람만이 대답할 수 있는 질문을 하면서 고통받고 있었다. 왜? 왜? 왜? 한 떼의 벌이 윙윙거리며 내는 소음처럼 내 머릿속은 온통 그 하나의 질문으로 가득 찼다.(『너무 이른 작별』, 21-22)

이어지는 문장을 통해 칼라 파인은 자살생존자들이 삶 대신 죽음을 선택하는 그 이해 불가능한 행위에 대한 깔끔한 설명을 갈망하는 것은 자살생존자에게 위안을 제공하기 때문이라고 결론짓는다. 칼라 파인이 말한 깔끔한 설명에 대한 갈망은 자살생존자가 진실을 알기 위해서라기보다, 상실의 고통을 견디기 위해 붙드는 마지막 의미의 형태라고 할 수 있다. 이것은 이해처럼 보이지만 본질적으로는 살아남은 자를 지탱하기 위한 위안의 장치이며, 자살생존자가 남겨진 삶을 계속 살아가기 위한 것이라고 할 수 있다.

죽음의 그림자를 피해서

건강한 애도는 상실을 인정하고 자신의 삶으로 돌아오는 과정이라고 할 수 있다. 반면 애도가 지연되거나 박탈되는 경우는 자신의 삶을 제대로 살지 못하게 된다. 이는 자기 비난,

죄책감, 정체성의 붕괴, 의미 상실의 형태로 나타나기도 한다. '죽음의 그림자'는 죽음의 기억이 아니라 타인의 죽음이 자신의 정체성 내부로 침투하여 상실의 여파가 지속적인 비애를 유발하는 상태에 대한 비유다.

소설의 주인공 유미코는 자살이라는 무겁고 어두운 죽음의 그림자에 짓눌리기 전에 죽음의 공간에서 달아나려고 한다. 남편의 자살 원인을 찾아 헤맨 지, 3년이 지났지만 어떤 실마리도 잡지 못한 유미코는 허탈하고 지친 상태가 된다.

유미코가 살던 아파트는 터널에 있는 어둡고 습한 공간이다. 그래서 사람들은 이곳을 터널 나가야라고 부른다. 이곳은 일 년 내내 볕이 들지 않았으며, 터널의 흙은 늘 축축하여 불쾌한 냄새가 떠돌았다. 어둡고 습한 터널은 유미코의 심리 상태를 상징적으로 보여준다. 유미코는 터널에서 경험한 죽음의 무게에 짓눌리기 전에, 또한 기진(氣盡)한 상태에서 벗어나기 위해 그곳에서 달아나려고 한다. '왜 당신은?'이라는 질문에 자신이 파괴되기 전에 재혼이라는 형태로 죽음의 그림자에서 도망치려는 것이다.

왜 오쿠노트의 최북단에 있는 쇠락한 어촌으로 시집갈 마음이 든 것인지, 저는 그때 자신의 마음을 확실히 알았습니다. (중략) 저는 당신이라는 사람이 따라다니는 풍경에서, 소리

171

에서, 냄새에서 도망치고 싶었습니다. (『환상의 빛』, 40)

　유년 시절 할머니의 실종과 3년 전 경험한 남편의 자살 그 림자에서 벗어나기 위해 유미코는 고향을 떠나기로 한다. 유 미코는 죽음의 그림자가 어른대는 터널에서 벗어나 바닷가 마을에서 새로운 가족을 만났다.

　유미코의 새 가족들도 최근에 가족의 죽음을 경험했다. 남 편 다미오와 시아버지는 배우자를 잃었고, 어린 딸은 엄마를 잃었다. 상실의 슬픔을 통과하는 가족들은 유미코의 상실경 험에 관해 질문하지 않고 따뜻하게 맞아준다. 아픔을 이해하 는 사람들의 환대와 배려로 유미코는 사별 후 처음으로 안도 감을 느낀다. 이러한 안도감은 혼자만 상실을 경험한 것이 아 니라는 점, 그리고 상실의 경험을 설명하지 않아도 된다는 점 에서 비롯된다. 이는 상처받은 자들의 연대이며 이를 통해 유 미코는 상실을 성찰할 수 있는 여유를 갖게 된다. 소중하고 친 밀했던 관계를 상실한 사람들은 그들만의 독특한 유대감을 공유한다. 이는 각자 처한 상황은 다르지만 슬픔의 문제에 관 해서는 비슷한 단계를 경험했기 때문일 것이다.

　또한 유미코는 확 트인 해변 마을에서 마주한 바다 숨소리 와 시시각각 달라지는 바다 풍광에 위안을 얻는다. 그녀의 일 상을 감싸는 바다는 끝없이 펼쳐졌으며, 한시도 멈추지 않고 움직이며 변화한다. 유미코는 어둡고 습한 죽음의 그림자에서 벗어나 역동적인 자연 앞에서 삶과 죽음에 대한 사색의 시간을 가질 수 있게 되었다.

이해하기 어려운 죽음

자살은 인간이 경험할 수 있는 가장 불투명하며, 이해하기 어려운 죽음이다. 타살, 사고사, 질병사와는 달리 자살은 의도를 가진 죽음으로, 남겨진 자들이 자살의 원인을 찾으려는 것은 상실한 관계를 다시 이해 가능한 관계로 되돌리려는 정서적 복원 작업이다.

유미코는 사별 후 7년 만에 남편의 죽음에 대한 새로운 통찰에 이르게 된다. 어느 겨울날 그녀는 고향 찻집에서 우연히 본 청년에게서 자살의 그림자를 직감한다. 그래서 그녀는 청년을 따라 바다 마을로 가는 버스를 탔고, 청년을 뒤따라 바닷가를 걷는다. 그러던 중 유미코는 문득 자살한 남편의 마음을 짐작하게 된다. 오랜 시간 그녀를 괴롭혔던 '왜 당신은?'이라는 질문에 대답을 찾게 된 것이다.

아아, 당신은 그냥 죽고 싶었을 뿐이었구나. 이유 같은 것
은 전혀 없어, 당신은 그저 죽고 싶었을 뿐이야. 그렇게 생
각한 순간 저는 뒤를 쫓아가는 것을 포기하고 그 자리에 멈
춰 서고 싶었습니다.(『환상의 빛』, 59-60)

유미코의 결론은 남편은 '이유 같은 것은 전혀 없어, 그저
죽고 싶었을 뿐'이라는 것이다. 이러한 그녀의 독백은 자살의
이유를 명확하게 규명하기 어려우며, 자살에 대한 완전한 이
해 역시 불가능함을 깨닫는 순간이다. 그리고 어쩌면 그냥 죽
고 싶었을 뿐이라는 것도 이유라면 이유일 것이다. 이제 비로
소 유미코는 진심으로 죽음을 수용하게 되었으며, 슬픔의 눈
물을 흘릴 수 있었다. 눈물은 오랫동안 억눌린 감정의 에너지
가 밖으로 흘러나옴이며, 애도와 치유의 시작을 알려준다. 슬
픔은 무거움이지만 눈물로 표현될 때, 상실자는 가벼워짐을
경험한다. 이제 그녀의 시선은 자살 사건에서 고인과 그의 삶
으로 이동한다. 슬픔과 의문으로 가득 찼던 그녀는 이제 고인
에 대한 연민의 눈물을 흘린다.

저는 어린아이처럼 큰 소리로 울었습니다. 당신이 죽었다
는 것을, 저는 그때 확실히 실감했던 것입니다. 아아, 당신
은 얼마나 쓸쓸하고 불쌍한 사람이었을까요. 눈물과 흐느

낌, 저는 얼굴을 찡그리면서 언제까지고 울었습니다.(『환
상의 빛』, 60)

빅터 프랭클은 『죽음의 수용소』에서 사람이 자기 운명과
그에 따르는 시련을 받아들이는 과정에 대해 말했다. 즉 자기
십자가를 짊어지는 과정은 그 사람에게 자기 삶에 더욱 깊은
의미를 부여할 기회를 제공한다고 했다. 소설에서 유미코가
짊어진 십자가는 남편의 죽음 그 자체가 아니라, 끝내 설명되
지 않는 죽음을 설명하려는 시도를 내려놓고도 살아가야 하
는 삶의 무게다. 이제 유미코는 자신에게 닥친 남편의 죽음을
자신의 삶으로 수용하고 통합하는 과정을 거치게 된다. 죽음
에 대한 완전한 이해가 불가능함을 깨닫는 순간, 자살생존자
들은 죽음의 이유 찾기에서 '삶의 이유 찾기'로 관점이 이동
한다. 이해할 수 없는 죽음을 붙드는 대신, 그 죽음이 삶에 남
긴 질문을 살아내는 것이 치유의 본질이라고 할 수 있다. 『환
상의 빛』에서 죽음이 삶에 남긴 질문이란 왜 죽었는지를 끝
내 알 수 없는 상황 속에서도 그 죽음을 품은 채 살아가는 삶
이 가능하냐는 것이다. 이에 유미코는 그 질문에 해답으로
말하지 않고, 설명되지 않는 상실을 안고 살아가는 태도로
응답한다.

유가족의 도전은 고통과 슬픔 속에서 이해 불가능함을 인정하는 가운데서 애도하는 것이며, 다른 한편으로는 그들이 왜 뒤에 남겨지게 되었는지에 관해서도 결코 알지 못하리라는 사실을 잘 아는 가운데서 이루어지는 것이다.(『너무 이른 작별』, 266)

유미코와 같은 경험을 한 칼라 파인은 자살이 유산으로 남기는 고통스러운 모호함이 남더라도 애도의 가능성이 열려 있다고 증언한다. 즉 자살은 반드시 해석되어야 할 사건이 아니라는 견해다. 유미코와 칼라 파인 두 명의 자살생존자가 제안하는 살아남은 자의 윤리는 자살에 대해 왜였는지를 묻는 게 아니라 상실을 품은 채 살아갈 수 있는가에 있다.

소설 『환상의 빛』에서 자살은 원인을 규명해야 하는 대상이 아니라, 끝내 설명되지 않은 여백으로 남는다. 소설은 왜 죽었는가?가 아니라 설명되지 않는 죽음과 함께 어떻게 살아갈 수 있는가?에 대해 질문을 던지고 있다. 결국, 배우자를 자살로 잃은 유미코의 애도는 이유를 찾는 애도가 아니라 설명할 수 없음을 견디는 애도로 이동하는 것이다. 유미코는 죽음을 설명 가능한 사건으로 통합하지 않고, 설명되지 않은 채로 존재하도록 허용하게 된다.

자살생존자들이 경험하는 위험요소로는 원인 탐색 강박,

지속적인 죄책감, 자살 재현 위험, 정서적 마비 또는 분리를 들 수 있다. 그러나 소설『환상의 빛』에서 중요한 부분은 주인공 유미코가 자살의 원인을 자기 내부로 귀속시키지 않으며, 자살을 이해가 아닌 경험으로 전환하고 있다는 점이다. 유미코는 죽음에 대한 이해에 도달하지 않고도 삶을 재개(再開)하는 방향을 선택한다. 이때 비로소 유미코의 시선은 죽음에서 삶으로 이동했다고 할 수 있다. 이처럼 자살생존자들은 죽음을 수용하면서, 비애에서 의미로 전환되는 고비를 넘어 자기의 삶을 회복해 나갈 수 있다.

나는 자살생존자입니다

애도(哀悼)는 개인이 직면한 죽음을 이해하고 수용해 가는 총체적 과정으로, 문화적 · 사회적 맥락에 따라 다양한 양상을 띠지만, 사별로 인한 상실의 고통을 통과하며 고인이 부재한 세계 속에서 자기 실존을 재구성한다는 점에서 공통된 구조를 지닌다.

미야모토 테루의 소설『환상의 빛』에 나타난 유미코의 자기 정체성 재구성은 전형적인 재서사화 모델과는 구별된다. 유미코의 다시 이야기하기는 죽음의 원인을 설명하거나 사건을 인과적으로 통합하는 방향으로 나아가지 않으며, 오히려 이해 불가능한 죽음을 서사적으로 봉합하지 않은 채 그것과 함께 살아가는 존재 방식을 선택함으로써 이루어진다. 이는 의미를 부여함으로써 상실을 극복하려는 서사적 통합이 아니라, 의미화되지 않는 공백을 유지한 채 삶을 지속하는 방식의 자기 재구성이라 할 수 있다. 유미코는 과거를 설명 가능한 이야기로 환원하지 않고, 미래를 목적이나 회복의 완결이 아닌 지속으로 설정함으로써, 이해하는 주체에서 '불가해성을 수용하는 주체'로 자신의 정체성을 이동시킨다.

이러한 맥락에서 자살생존자의 자기개방은 단순한 감정 표현이나 대화 행위가 아니라, 그동안 말하지 못했던 고통과 침묵에 언어를 부여하는 서사적 행위로 이해될 수 있다. 특히 자살로 인해 단절된 이야기를 다시 말하는 행위는, 죽음이 남긴 공백을 설명으로 채우는 것이 아니라, 말할 수 없음 자체를 언어화함으로써 인간적 경험의 영역으로 회복시키는 과정이다. 이해할 수 없는 죽음 앞에서도 말할 수 있는 주체로 자신을 재위치 시킬 때, 자살생존자는 다시 삶을 지속할 수 있는 최소한의 서사적 기반을 확보하게 된다.

"전 남편은 왜 죽었어?"
저는 그때까지 이런저런 사람으로부터 그런 질문을 받았고 그때마다 입에서 나오는 대로 대충 둘러댔지만 무뚝뚝한 도메노 댁의 큰 소리에 맞춰 무심코, "자살했어요. 전차에 치여서"라고 대답하고 말았습니다.(『환상의 빛』, 74-75)

유미코가 남편의 죽음을 '자살'로 명시하여 타인에게 발화하기까지는 7년의 세월이 소요됐다. 이는 단순한 시간의 경과라기보다, 자살이라는 사건을 내면에 봉인한 채 감당하기 어려운 고통을 통과해 온 시간의 축적이라 할 수 있다. 바닷가 마을에서 만난 도메노 댁과의 대화는, 오랫동안 억압됐던 이야기가 처음으로 외부 세계에 놓이는 순간이며, 유미코의 다시 이야기하기가 본격적으로 작동하는 지점이다. 도메노 댁의 직접적인 질문에 대한 유미코의 응답은 설명이나 해석이 아니라, 그동안 회피되어 왔던 진술의 개시라는 점에서 의미를 지닌다. 이 발화는 죽음의 원인을 해명하려는 시도가 아니라, 침묵 속에 갇혀 있던 사건을 언어의 장으로 옮기는 최초의 행위로서, 유미코의 정체성 재구성 과정에서 중요한 전환점으로 기능한다.

유미코가 이웃 여성에게 말문을 연 이유는 그녀가 죽음에서 돌아온 사람이기 때문일 것이다. 폭풍우 치는 겨울 바다에서 살아 돌아온 그녀는 삶과 죽음의 경계를 아는 사람이며, 결국 죽음에서 삶으로 돌아온 사람이다. 그래서 마을 사람들은

179

그녀를 불사신이라고 부른다. 누구에게도 진정한 위로를 받을 수 없었던 남편 잃은 아내의 슬픔은 무심한 듯 세상으로 흘러나왔다. 유미코는 이해할 만한 사람에게 자살이라고 발화함으로써 남편의 자살은 공식화되고, 애도의 사적 고통은 공적 의미로 전환된다. 그리고 그녀는 자신을 믿고 지켜주던 남편 다미오에게도 자살에 대한 속내를 드러낸다.

> "전 그 사람이 왜 자살했는지, 왜 레일 위를 걷고 있었는지. 그 생각을 하기 시작하면 더이상 잠을 잘 수 없게 돼요. (중략) 저기, 당신은 왜라고 생각해요?" 다미오 씨는 잠자코 있었습니다.(『환상의 빛』, 79)

자기개방은 자신을 보다 객관적으로 직면하고 인정하는 힘이 있다. 유미코는 자기개방 후에 자신의 삶과 상실의 경험을 통찰할 기회를 얻게 된다. 그녀는 왜?라는 의문에서 벗어나 더 넓은 시선으로 삶과 죽음을 볼 수 있게 되었다. 이를 통해 허물로 살아왔던 자신의 삶에 대한 통찰은 자기 삶을 회복하는 과정이라고 할 수 있다. 이처럼 애도 여정에는 고인을 바라보는 관점, 삶과 죽음에 대한 관점이 전환되고 수정되는 경험이 포함된다.

유미코는 자살생존자로서 분함과 슬픔이 가슴에 서려 있

으며, 그러한 감정으로 삶을 지탱해왔음을 깨닫게 된다. 이제 비로소 그녀는 죽음에서 삶으로, 고인에게서 자신으로 시선을 돌렸다고 할 수 있다.

> 저는 당신의 뒷모습에 말을 거는 것으로, 위태롭게 시들어버릴 것 같은 자신을 지탱해왔는지도 모릅니다. 당신의 뒷모습이 떠올랐다가 사라지고 사라졌다가 떠올랐습니다. 그때 제 마음에는 불행이라는 것의 정체가 비쳤습니다. 아아, 이것이 불행이라는 것이구나, 저는 당신의 뒷모습을 보면서 확실히 그렇게 생각했습니다. (『환상의 빛』, 80)

이제 유미코는 자살이 불행이라는 결론에 이른다. 유미코는 자살뿐만 아니라 자살로 사랑하는 사람을 잃는 것을 불행이라고 여긴다. 소설에는 상실과 이후의 삶을 불행이라고 단정하지만, 이에 대한 관점이 드러나지는 않는다. 이에 대한 관점은 참척(慘慽)의 고통을 토로한 박완서의 『한 말씀만 하소서』를 참고할 필요가 있다. 작가는 생때같은 아들을 잃고 수도원을 찾아, 자녀를 먼저 보낸 엄마의 고통에 대해 신의 구원을 갈구했다. 그러나 작가는 그곳에서 만난 젊은 수녀를 통해 구원의 희망을 발견한다. 그것은 죽음의 보편성에 대한 깨달음이었다.

내가 만약 '왜 하필 내 아들을 데려갔을까?'라는 집요한 질문과 원한을 '내 아들이라고 해서 데려가지 말란 법이 어디 있나'로 고쳐먹을 수만 있다면, 아아 그럴 수만 있다면. 구원의 실마리가 바로 거기 있을 것 같았다.(『한 말씀만 하소서』, 127)

아들을 잃은 박완서는 '왜 내 아들인가?'라는 절규에서 '왜 내 아들은 안되나?'라고 질문을 바꾸자 구원의 희망을 발견했다고 고백한다. 죽음과 같은 불행은 나에게만 일어나는 일이 아니라, 누구에게라도 일어날 수 있는 게 세상의 이치다. 왜 나에게만 가혹한 상실이 왔는지 신을 원망했던 작가는 죽음의 보편성에 대한 통찰을 통해 구원의 길을 발견한다.

상실을 품은 삶의 빛

바다는 매일 다른 얼굴을 한다. 잔잔하다가도 거세게 일렁이며, 고요하면서 깊은 심연을 드러낸다. 소설 『환상의 빛』에서 바다는 자살생존자가 경험하는 삶과 죽음의 경계를 상징한다. 바다는 죽음을 끌어안은 생의 공간이며 바다를 바라보는 것은 죽음이 남긴 공백과 흔들림을 함께 살아내려는 용기의 표현이다. 상실을 품은 삶의 빛은 죽음을 부정하지 않으면서도, 그 속에서 여전히 살아 있음을 느끼는 인간의 능력을 뜻한다.

유미코는 바다가 보여주는 무상(無常)함에서 삶과 죽음에 대한 통찰을 얻기 시작한다. 때로는 평온하고 때로는 험악해지는 바다의 모습은 삶과 죽음의 무상함에 대한 은유처럼 다가온다.

> 가만히 시선을 주고 있으니 잔물결의 빛과 함께 상쾌한 소리까지 들려오는 것 같습니다. 이제 그곳만은 바다가 아닌, 이 세상의 것이 아닌 부드럽고 평온한 일각처럼 생각되어 흔들흔들 다가가고 싶어집니다. 그렇지만 미쳐 날뛰는 소소기 바다의 본성을 한 번이라도 본 적이 있는 사람이라면, 그 잔물결이 바로 어둡고 차가운 심해의 입구라는 것을 깨닫고 제정신을 차릴 것이 틀림없습니다.(『환상의 빛』, 82)

바다의 잔물결은 부드럽고 평온해 보이지만, 바다의 본성을 생각하면 잔물결이 바로 어둡고 차가운 심해의 입구가 된다. 바다에는 평온한 부드러움과 어두운 차가움이 공존하듯이, 인간에게는 삶과 죽음이 공존한다는 의미로 읽힌다.

바다에 대한 해석은 이 소설을 원작으로 한 고레에다 히로카즈의 영화 〈환상의 빛〉을 통해 확실해진다. 영화는 유미코가 경험한 바닷가에서의 장례의례를 섬세하게 보여줌으로써 죽음 앞에 인간은 지극히 작은 존재이며 유한하다는 점을 이미지화한다. 유미코의 상실 역시 광활한 자연의 일부임을 암시한다. 이를 통해 상실을 견디는 것이 개인의 심리적 문제일 뿐만 아니라 죽음의 불가해성이나 죽음의 보편성을 이해하는 과정임을 알려 준다. 그리고 죽음은 삶의 끝이거나 반대항이 아닌 삶과 순환적인 위치에 있음을 인정하게 된다. 유미코의 바다를 바라봄은 단순한 회상이 아니라, 죽음과 공존하려는 삶의 태도라고 할 수 있다. 그녀는 죽음을 밀어내지 않고 죽음과 함께 살아가는 법을 배워나가는 중이다.

자살생존자의 애도 과정 역시 이와 닮았다. 이해할 수 없는 죽음을 끝내 이해하려고 하기보다, 죽음이 남긴 흔들림과 함께 살아가는 법을 배우는 일이다. 결국 왜라는 질문은 해답을 찾기 위한 것이 아니라, 살아남은 자신을 다시 세계 속에 재배치하려는 몸부림이라고 할 수 있다.

배우자의 자살로 7년 동안의 고통을 겪었던 유미코는 온화한 사람들을 만나서, 자신의 경험을 개방하고, 죽음에 대한 시선이 확장되면서 상실을 딛고 삶을 회복하게 된다. 과거에서 현재로 귀환한 유미코는 일상을 소중히 여기며 겸허하게 삶을 이어갈 것이다. 상실은 아픔이지만, 그를 통해 삶의 가치와

의미가 선명해지는 경험을 한 셈이다.

소설의 제목 『환상의 빛』은 아내 유미코가 상상한 것으로, 남편을 충동적인 자살로 이끄는 규명하기 어려운 그 무엇이었다. 환상은 환각, 착각, 허상이라는 의미를 담고 있다. 그러나 소설을 다 읽고 나면 환상의 빛은 남편이 쫓았던 환영이 아니라 상실 속에서도 여전히 살아남은 자의 빛임을 깨닫게 된다. 빛은 환상일 수 있지만, 동시에 진실한 생(生)의 감각으로 다가온다. 죽음은 이해할 수 없고 상실은 사라지지 않지만, 그럼에도 불구하고 인간은 그 그림자 속에서 빛을 찾아 살아간다. 이제 빛은 유미코의 생명력으로 해석할 수 있으며, 그 빛은 상실을 품고 살아가는 인간의 운명 같은 것이다.

결국 애도는 죽음을 지우는 과정이 아니라, 그 죽음과 함께 살아가는 방식이다. 상실을 품은 삶은 완전하지는 않지만, 그 불완전함 속에서 새로운 의미가 움트고 빛은 다시 살아난다. 바다를 바라보는 유미코처럼 우리 역시 떠난 이들과 지속적인 연대감을 느끼며, 그들이 남긴 고요한 파도 속에서 여전히 흔들리는 삶을 살아가야 한다. 이때 죽음은 절대적인 단절이 아닌, 삶과 공존하는 또 하나의 시간으로 변한다. 그리고 그 시간 속에서 우리는 마침내 환상의 빛, 즉 상실을 품은 삶의 빛을 볼 수 있을 것이다.

참고문헌

강승묵. 2021. 고레에다 히로카즈의 「환상의 빛」에 구성된 일상과 사회적 기억에 관한 연구. *한국콘텐츠학회논문지*, 21(10): 322-331.

김경희, 김혜미. 2025. *어둠에 갇힌 사람들 - 자살생존자의 상실과 애도*. 박문사.

_____. 2024. 공간이동과 회귀구조로 본 소설 『호랑이의 눈』의 상실-애도서사. *문학치료연구*, 70: 140-190.

김경희. 2025. 상실-애도서사의 구조를 활용한 자살생존자 문학치료 사례연구. *문학치료연구*, 75: 191-241.

_____. 2024. 자살생존 배우자의 애도경험-질적 해석적 메타통합 (QIMS)적용. *한국과 세계*, 6(1): 327-361.

미야모토 테루 지음. 2014. *환상의 빛*. 송태욱 옮김. 바다출판.

박완서. 2024. *한 말씀만 하소서*. 세계사.

빅터 프랭클 지음, 이시형 옮김. 2005. *죽음의 수용소에서*. 청아출판사.

신형철. 2018. 해석되지 않는 뒷모습 미야모토 테루 「환상의 빛」. *슬픔을 공부하는 슬픔*. 한겨레출판사.

이혜수. 2021. 초월의 빛 혹은 일상의 위로: 고레에다 히로카즈의 「환상의 빛」을 원작 소설과 함께 읽기. *문학과 영상*, 22(2): 611-632.

칼라 파인 지음, 김운하 옮김. 2012. *너무 이른 작별*. 궁리.

지은이 소개

• 김혜미

현재 한림대학교 생사학HK+연구단의 HK연구교수로 재직 중이다. 건
국대학교에서 고전문학과 문학치료를 전공하였고, 사회복지사 2급,
한국문학치료학회의 문학심리분석상담 전문가, 한국철학상담치료
학회의 철학상담 전문가로 활동 중이다. 특히 자살시도자, 가정 폭력
피해자들의 문학치료 및 철학상담을 실행하고 있다. 이를 통해 인문
학의 실질적 효용성을 몸소 실천하는 중이다. 주로 구비설화의 현대
적 가치를 탐구하는 문헌연구와 이를 기반으로 문학치료에 적용하는
실천 연구, 두 축을 기둥으로 '생사학 연구'에 매진하고 있다. 대표저서
로는 『이야기, 죽음을 통하다』, 『이야기 삶을 통하다』, 『어둠에 갇힌
사람들, 자살생존자의 상실과 애도』 등이 있다. 관심분야는 자살시도
자, 폭력, 세대 갈등 등과 관련된 문학치료 프로그램 개발 및 사례 연구
다.

• 박미옥

춘천에 있는 장학초·만천초등학교에서 그림책 놀이 강사로 활동하
고 있다. 한림대학교 생명교육융합협동과정에서 생사학(生死學)전
공으로 문학석사 학위를 받았다. 2024년 한국연구재단의 지원을 받아
〈경도 지적장애 아동의 학교생활 적응을 위한 교우관계 개선 프로그
램 실행 연구- 그림책과 문학치료학의 '기억기술형'을 활용한 교육 설

계 및 실행)을 수행 중이다. 2021년부터 2025년까지 양구교육지원청 특수지원센터 순회 강사로 초·중·고 경도 지적장애 학생들에게 문학치료학의 방법론을 바탕으로 '확장된 기억기술형'을 활용해 문학교육을 실천해 왔다. 마음의 변화와 자기 이해, 자신과 소통하는 삶의 태도에 관심을 두고 있다. 개인에게 의미 있는 삶의 태도가 타인과의 관계 속에서도 자연스럽게 이어지기를 지향한다. 어린이들과는 그림책 놀이를 통해 이야기가 곧 자신을 발견하는 소중한 경험이 이어지도록 함께하고 있다.

•이미영

현재 서울시 관내 초·중·고등학교에서 독서 및 진로 교육 전문가로 활동하고 있다. 한림대학교 생명교육융합협동과정에서 생사학(生死學) 박사과정을 수료했으며, 한국문학치료학회 문학심리분석상담사 (1급)로서 아동·청소년의 내면 돌봄에 매진하고 있다.

2023년 한국연구재단 인문사회 학술연구교수(B유형)로 선정되어 〈청소년의 운명론적 세계관 초월을 위한 문학치료학적 교육 프로그램 설계와 실행〉 연구를 수행했다. 현재 동대문교육지원센터와 송파정신건강복지센터 등에서 현장 중심의 독서 코칭과 정서 회복을 돕는 문학치료를 실천 중이다. 이러한 연구 성과를 인정받아 2025년 한국독서치료학회 '최우수논문상'을 수상했다.

또한 1인 출판사 대표로서 청소년들이 자신의 서사를 직접 책으로 구현하는 '책 쓰기 교육'을 주도하며 인문학의 실질적 효용성을 전파하고 있다. 주요 저서로는 『이야기, 삶을 통하다』, 『생사학 워크북 2』 등이 있으며, 문학치료학에 기반한 청소년의 정서 회복과 공감 교육에 깊은 관심을 두고 연구와 실천을 병행하고 있다.

•정영미

춘천에서 아주작은상담실 공감 소장으로 마음의 갈피를 잡기 힘든 사람들을 만나고 있으며 한림대학교 생명교육융합협동과정 생사학(生死) 박사과정을 수료하였다. 2022년과 2023년, 한국연구재단의 인문사회학술연구교수(B유형)로 선정되어 양육미혼모를 대상으로 문학치료를 활용한 연구를 수행하였다. 강원특별자치도 아동보호전문기관에서 아동학대피해아동과 가족상담을 하고 있으며, 그 밖에도 미혼모, 자살위험 독거노인, 경력단절여성, 사별자 등을 만나 함께 삶의 의미를 찾고 있다. 저서로 『이야기, 우리가 살아가는 힘』, 『생사학워크북 1,2』가 있으며 만나는 이들과 상실과 치유를 주제로 함께 성장하고자 한다.

•유현수

동방심리상담 부모교육 연구소 선임연구원이자 중독 및 성인상담을 진행하는 선임상담원으로 활동하고 있다. 용문상담심리대학원대학교에서 노인복지상담을 전공했고, 서울상담심리대학원대학교에서 중독상담을 전공했다. 현재는 한림대학교 생명교육융합협동과정에서 생사학(生死學)을 전공으로 석사 논문을 준비 중이다. 관심분야는 무의식적 심리 과정과 관계적 역동을 탐색하는 정신역동적 심리치료와 인간 삶의 궤적을 서사와 상징으로 읽어내는 문학분석이다.

• 김미순

한림대학교 대학원 생명교육융합협동과정에서 생사학(生死學)을 전공하고 있다. 10여 년 동안 지역 마을 공동체 '강서진로주치의'에서 그림책으로 학생들을 만나 정서지원, 학습지원, 독서토론을 진행했다. 강서양천교육청 소속으로 도서관, 초등학교, 중학교, 고등학교 학생뿐만 아니라 지역 내 성인 인문 독서모임을 오랫동안 이끌었다. 현재 해오름평생교육원 교사회에서 활동 중이다. '세상은 넓고, 읽을 책은 많다'라는 마음으로 다양한 사람들과 책 이야기 나누는 일을 직업으로 삼고 있다. 지금은 문학으로 삶과 죽음 사이에 스며있는 이야기를 풀어내고 있다.

• 안미숙

한림대학교 대학원 생명교육융합협동과정에서 생사학(生死學)을 전공하고 있다. 마을 교육공동체에서 독서교육 강사로 활동하면서 초등학교, 중학교, 고등학교에서 학생들과 만나 독서토론을 진행하였다. 현재 어르신 복지센터와 도서관 등에서 유아부터 성인까지 다양한 연령대의 사람들을 만나며 그림책으로 삶과 죽음의 이야기를 풀어나가고 있다. 죽음에 대한 성찰은 지금-여기, 현재를 긍정하는 삶을 낳는다고 믿는다. 그래서 삶을 더욱 의미 있게 살도록 돕는 죽음 교육 프로그램을 만드는 데 관심이 많다. 나이가 들어서도 계속 다양한 사람들을 만나 죽음과 삶을 이야기하고, 함께 책을 읽고 생각을 나눌 수 있기를 소망하며 살고 있다.

• 김경희

한림대학교 생사학연구소 인문사회 학술연구교수(A유형)로 활동하고 있다. 한림대학교 대학원 생명교육융합협동과정에서 생사학(生死學)전공으로 철학박사 학위를 받았다. 22년부터 교육부와 한국연구재단의 지원을 받아 〈자살생존자 가족의 회복을 위한 실천모델 및 프로그램 개발〉 연구를 수행 중이다. 현재 자살생존자의 심층 면담을 진행하고 있으며, 이들의 회복을 돕는 문학치료 프로그램을 개발하고 현장에 적용 중이다. 이러한 연구와 사회 활동 공로를 인정받아 24년 '제6회 국회자살예방대상' 교육부 장관상, 22년 한국청소년복지학회 '우수학술상', 25년 각당 삶과죽음연구 논문 공모전에서 장려상을 수상했다. 주요 저서로는 『어둠에 갇힌 사람들: 자살생존자의 상실과 애도』, 『생사학워크북 1,2』, 『이야기, 우리가 살아가는 힘』, 『사람은 살던 대로 죽는다』가 있다. 관심 분야는 자살예방, 자살생존자의 회복, 질적 연구, 문학치료학이다.